TABLE

MÉTHODIQUE ET ALPHABÉTIQUE

DES MATIÈRES CONTENUES

DANS LE

BULLETIN

PUBLIÉ PAR

L'ACADÉMIE DELPHINALE

4ᵉ SÉRIE

(1886-1906)

PAR M. LE COMTE L. DE MIRIBEL

———— ❖ ————

GRENOBLE

IMPRIMERIE ALLIER FRÈRES

26, Cours de Saint-André, 26

—

1910

TABLE

DES MATIÈRES CONTENUES

DANS LE

BULLETIN DE L'ACADÉMIE DELPHINALE

(4ᵐᵉ SÉRIE)

TABLE

MÉTHODIQUE ET ALPHABÉTIQUE

DES MATIÈRES CONTENUES

DANS LE

BULLETIN

PUBLIÉ PAR

L'ACADÉMIE DELPHINALE

4e SÉRIE

(1886-1906)

PAR M. LE COMTE L. DE MIRIBEL

———— ✦ ————

GRENOBLE

IMPRIMERIE ALLIER FRÈRES

26, Cours de Saint-André, 26

—

1910

AVERTISSEMENT

La 4me série du *Bulletin* de l'Académie delphinale se compose de 20 volumes, numérotés de I à XX, contenant les travaux de 21 années (1886-1906); ceux de 1887 et de 1888 étant réunis. Deux autres volumes ont encore été publiés pendant cette période. L'un contient les tables des séries antérieures rédigées par M. Piollet; l'autre la correspondance du cardinal Le Camus, que M. Ingold a mise à jour et classée. Il est désigné : Tome I de la 2me série des Documents historiques.

L'esprit qui a dirigé la confection des tables nouvelles n'a pas été inspiré par le désir, sûrement irréalisable, de faire une œuvre classique dans toutes les règles de l'art, comme le sont les précédentes; mais un outil facilement maniable dès le premier essai.

La lecture du *Bulletin* montre à la fin de chaque volume une table des discours ou communications imprimés dans le corps de l'ouvrage, et au commencement, les extraits des procès-verbaux des séances. Ce sont deux choses très différentes qu'il ne faut pas mélanger. Le groupement par ordre alphabétique de toutes les parties des tables particulières donnera la table générale des matières publiées. Elle suffirait au point de vue des éléments d'instruction pour les chercheurs du présent et de l'avenir.

Il était intéressant aussi de se rendre compte de

l'intensité de vie de la Société et, si cette expression peut être permise, de lui tâter le pouls. La table alphabétique des auteurs, contenant par ordre chronologique la note de tout ce qu'ils ont apporté, en donnera le moyen. Les études imprimées sont alors indiquées non seulement par le numéro du volume et la pagination, mais aussi par la date qui s'y rapporte ; tandis que cette dernière seule donnera la trace de celles simplement lues et l'analyse en sera trouvée dans les extraits des procès-verbaux. On verra ainsi immédiatement, sans fausses recherches, le Catalogue des travaux conservés et celui de ceux rappelés pour mémoire.

A ces deux tables sont jointes la nomenclature des pages hors texte, la liste des présidents et celle des membres titulaires : toutes les deux accompagnées de quelques données statistiques souvent utiles.

Quant à la forme, on a cru devoir adopter d'une façon générale les lignes horizontales, dans lesquelles les titres, les noms, les dates, les volumes et les pages sont très nettement séparés et placés les uns sous les autres. Ce procédé fatigue certainement moins l'œil que la méthode des colonnes verticales, chargées de petits caractères pressés, surchargées de chiffres romains ou arabes, encombrées d'abréviations : causes agaçantes d'erreurs de lecture. Enfin, supprimant tout ce qui ne lui a pas semblé devoir être d'un intérêt immédiat et pratique, le rédacteur espère avoir réalisé la concision correspondant aux nécessités budgétaires.

Ce travail, dans sa simplicité, est-il au moins parfait? Sûrement non ! Que l'Académie delphinale veuille bien le considérer uniquement comme le résultat d'une bonne volonté qui lui est tout acquise.

TABLE ALPHABÉTIQUE

DES

MÉMOIRES ET RAPPORTS

IMPRIMÉS DANS LE BULLETIN DE L'ACADÉMIE DELPHINALE

4e Série, 1886-1906

A

	AUTEURS	TOMES	PAGES
Abjuration du protestantisme (1572-1585) (Registre contenant quelques actes d')....	E. Maignien.	IV.	510
Ire Concours Pallias. Résultats.	P. Morillot.	XV.	XXV
id. Noms des lauréats.	id.	XV.	XXXVI
2e id. Rapport.	De Crozals.	XVIII.	393
Proclamation des résultats	De Miribel.	XVIII.	401
Course archéologique à Vienne. 14 juin 1894.........		VIII.	XXX
id. Beauvoir et St-Antoine, 28 juin 1896.........		X.	43
id. Les Échelles et Chambéry, juillet 1897....		XI.	XXX
id. Romans et Valence, 26 juin 1898.........		XII.	XXIX
id. en Provence, 3, 4, 5 juin 1899.........	S. Chabert.	XIII.	501
id. Crémieu, Saint-Chef, 22 juillet 1900......	A. Prudhomme.	XIV.	287
id. Avignon, Orange, 15, 16, 17 juin 1901.....	H. Ferrand.	XV.	310
id. Annecy, Menthon, 5, 6 juillet 1902........	A. Prudhomme.	XVI.	476
id. Léoncel, 29 juin 1903.	H. Ferrand.	XVII.	253

Académie Delphinale {

	AUTEURS	TOMES	PAGES
Académie Delphinale — Course archéologique à Tarascon, Nîmes, Aigues-Mortes, 28, 29, 30 juin 1904	A. Dussert.	XVIII.	405
id. aux ruines de Bressieux, 8 juin 1905	H. Ferrand.	XIX.	307
id. Viviers et Cruas, 16 juin 1906	H. Ferrand.	XX.	451
Décret : Établissement d'utilité publique		XI.	XXXIX
Installation nouvelle, Rapport.	A. Prudhomme.	XV.	XXXVII
id. Allocution du Président	P. Morillot.	XV.	299
Legs Pallias (Testament du 1er septembre 1890) est touché en 1898		XII	XXIX
Règlements		III	XXXVII
Règlement intérieur		XVIII	XLIV
Statuts annexés au décret du 15 février 1898		XI.	XLI
Statuts modifiés		XIX.	XLV
Table alphabétique du Bulletin (1772-1886)	Piollet.	II.	409
Académie Delphinale (Travaux des membres de l') (1887, 1888)	P. Fournier.	III.	1
Académies (Les anciennes)	R. P. Jacquart.	VII.	659
Accarias de Sérionne (Jacques). Sa famille, sa vie, ses ouvrages	J. Accarias.	III.	487
Achard, peintre paysagiste	Marcel Reymond	I.	240
Adrets (Un épisode inconnu de la vie privée du Baron des)	A. Prudhomme.	I.	210
id. (Lettre du Baron des)	id.	VIII.	531
Afrique romaine (Note sur l')	Gal Faure-Biguet	XI.	10
Alpinisme (l') au XVIe siècle, d'après le mémoire sur les Alpes de Josias Simler	S. Chabert.	XI.	124
Andréa Solario (Note sur)	Marcel Reymond	IV.	534
Annexion de la Savoie à la France en 1792 (Histoire de l')	J. Masse.	IV.	399
id.	id.	VI.	129
id.	id.	VIII.	229
id.	id.	XX.	251
Aquiculture (l') et l'Université de Grenoble.	Cte de Galbert.	XV.	285
Architecture Delphinale (Revue de l')	Berruyer.	IV.	73
Archives (les) et la Révolution	Chaper.	I.	3
Archives départementales de France (Notice sur les)	A. Champollion.	I.	179
Aréoud (Pierre), médecin et littérateur de Grenoble (Étude sur)	R. Busquet.	XX.	369
Armes de la ville de Grenoble	A. Prudhomme.	I.	489

	AUTEURS	TOMES	PAGES
Art (l') et le Christianisme. Visite à deux artistes contemporains	C. Charaux.	I.	285
Art du paysage pendant la première moitié du XIXᵉ siècle (Étude sur l')	A. Silvy.	XVII	213
Art (l') et la Pensée	Ch. Charaux.	X.	111
Art (De l'expression dans l')	E. Bertrand.	V.	617
Art (l') hindou et son influence dans le monde	Gᵃˡ de Beylié.	XIX.	177
Aspres-sur-Buëch et ses chartes de coutumes	Boudet.	XVI.	173
Assistance publique à Grenoble avant la Révolution (Études historiques sur l')	A. Prudhomme.	VI.	503
id.	id.	IX.	123
id.	id.	IX.	142
id.	id.	XI.	174
Association dans les Alpes dauphinoises (De l'esprit d')	J. de Beylié.	XIV.	7
Auvergne (l') en Dauphiné	Boudet.	XII.	95
Avocats (les) consistoriaux au Parlement de Grenoble	C. Royer.	VI.	423

B

Bannière et sceau du Vicariat impérial (1378)	A. Prudhomme.	II.	433
Barnave (Lettre de) à la Société des Amis de la Constitution à Grenoble	J. de Beylié.	XIV.	180
id. (Lettres inédites de) sur la prise de la Bastille et sur les journées des 5 et 6 octobre 1789	id.	XIX.	279
id. maire de Grenoble	id.	XII.	563
id. (Pages inédites de)	id.	XII.	559
Bayard (Recherches sur la place qu'occupait la tombe de)	A. Prudhomme.	III.	535
id. (Notes sur l'érection de la statue de)	id.	IV.	537
id. tacticien et stratégiste	Crozal.	IV.	481
id. (Jeanne de). Lettre à M. de Mangiron	A. Prudhomme.	VIII.	529
Berlioz (Commémoration de). Séance publique à la Salle des Concerts. Allocution du Président	P. Fournier.	XVII.	120
id. Lettres inédites à son ami Thomas Gonnet	L. Michoud.	XVII.	91
id. (Sur les éléments dont s'est formée la personnalité artistique de)	G. Allix.	XVII.	8
Boissat (Pierre de) (1603-1662) et le mouvement littéraire en Dauphiné au XVIIᵉ siècle	C. Latreille.	XIII.	345
Bonchu (1686-1705) (Essai sur l'administration de)	Rey.	IX.	351

	AUTEURS	TOMES	PAGES
Bourgoin (Une citation de Guy Allard. Burgunnaria et Bourgoin)	R. Delachenal.	VI.	545

C

	AUTEURS	TOMES	PAGES
Calendrier liturgique de Grenoble (Histoire du)	A. Grospellier.	XVII.	269
Camus (Lettres du cardinal Le) (documents inédits) 2ᵉ série, tome I	Ingold.		
Carouge (Conflit entre la Garde nationale et le Comité révolutionnaire de) (1792-1796)	Dullin.	XIV.	194
Cartulaire de l'abbaye de Notre-Dame de Bonnevaux	U. Chevalier.	II.	17
— du temple de Vaux	R. Delachenal.	X.	351
Cavour (La famille de)	J. de Crozals.	XIII.	20
Censier de l'Évêque de Die, à Die, Montmaur et Aurel	J. Brun-Durand.	III.	397
Chambéry (Note sur la fondation du diocèse de)	Picolet d'Hermillon.	XIX	51
Chaper (Eugène) (La correspondance de M.)	Ginon.	VI.	1
Charancy (Guillaume de). Épisode de la lutte du Parlement et du Pouvoir royal	Cᵗᵉ de Galbert.	XI.	155
Chartreuse au Moyen âge (La bibliothèque de la Grande-)	P. Fournier.	I.	305
Château Dauphin (Pillage par l'armée du Duc de Savoie de la vallée de) (novembre 1690)	A. Prudhomme.	XV.	347
Château-Queyras (Deux ans de commandement à)	Juster.	XVI.	17
Chépy (Pierre). Un agent politique sous la Révolution (1792-1803)	R. Delachenal.	V.	1
id. Correspondance avec le ministre des Affaires étrangères (mai 1793-janvier 1794)	id.	VII.	9
Cire (la) et ses organes sécréteurs	G. Carlet.	IV.	235
Civilisation et Pensée	Ch. Charaux.	V.	669
Combourcier (La famille de). Familles dauphinoises oubliées	V. Arnaud.	VII.	625
Connaître et penser, ou le sens et l'esprit	De Kirwan.	XII.	78
Cosmographie dans l'Antiquité grecque (Naissance et développement de la)	id.	XIV.	207
Cottius (Le Royaume de)	Rey.	XI.	237
Culture de l'Esprit et de la liberté d'Esprit (De la)	Ch. Charaux.	II.	319
Curiosité d'Esprit	id.	III.	317

D

	AUTEURS	TOMES	PAGES
Dames de Grenoble à celles de Valence (Adresse des)	J. Roman.	III.	565
Dante (Les œuvres apocryphes du)	Prompt.	VI.	451
Dauphin et Dauphiné (De l'origine et du sens des mots :) et de leur rapport avec l'emblème du Dauphiné en Auvergne, en Dauphiné et en Forez	A. Prudhomme.	XIV.	248
Dauphiné (Le projet de l'histoire de) de Nicolas Chorier	H. de Terrebasse.	VII.	673
Députés de l'Isère à la Convention nationale (L'élection des)	A. Prudhomme.	X.	483
Desgabets (Dom Robert). Un disciple de Descartes original et peu connu	De Kirwan.	XVIII.	378
Dialecte de Saint-Maurice-d'Exil. (Lou Riou Pouetsicon per Meri d'Exilac.)	Maurice Riviere.	IX.	473
Diplôme original de Rodolphe III, roi de Bourgogne	R. Delachenal.	IV.	495
Donnadieu au marquis Planelli de Maubec (Lettre du général)	A. Prudhomme.	I.	447
Droit à Grenoble (Notes pour servir à l'histoire du)	P. Fournier.	I.	449

E

Embrun (Lettre d'un prisonnier dans la Tour-Brune d')	J. Roman.	II.	433
Énergie (Notion générale de l')	De La Brosse.	XIX.	17
Enseignement (l') secondaire à Grenoble avant la création du Collège des Dominicains)	A. Prudhomme.	XIV.	93
Éperon en fer trouvé sur le Saint-Eynard (Essai de détermination d'époque et d'origine d'un)	B. Charvet.	III.	559
Exilles (Souvenirs d')	Cte de Miribel.	XVII.	182

F

Faculté (la) des Lettres à Grenoble. Notice historique	J. de Crozals.	X.	151
Falquet-Planta (Joseph) (Autobiographie de)	Chaper.	I.	126
Ferrus (Le docteur Guillaume-Marie-André)	E. Silvy.	XVIII.	315
Fête municipale à Grenoble. Mariage de dix anciens militaires, 29 avril 1810	E. Juster.	XVI.	135
Forêts (Étude sur une réformation générale des) en Dauphiné (1725-1733	Barthelemy.	XX.	189

	AUTEURS	TOMES	PAGES
Fort-Barraux en 1814 et 1815	E. Juster.	XIX.	95
Frontière des Alpes (L'armée de la République sur la)	G. Perreau.	XV.	71
id. (Les variations de la)	id.	VII.	475

G

Gagnon (Henri)	C. Stryiensky.	III.	127
Galite (L'île de la). Notes de voyage	L* de Galbert.	XVII.	232
Gardes d'honneur (les) de Grenoble (1811) et de Vienne (1807)	E. Juster.	XIX.	237
Gariel (Hyacinte)	A. Hardouin.	IX.	15
Géographie dauphinoise (Un problème de)	H. Ferrand.	XVI.	117
Gravisca, ancien port de Tarquinii (Note sur la ville de)	Gal Anglès d'Auriac.	X.	7
Grenoble à différents âges	Gal Bon Thomas.	VII.	513
id. et la Saint-Barthélemy	E. Silvy.	XIV.	32
Guétal (Éloge de M. l'abbé)	Ginon.	VI.	481
id. Discours prononcé aux funérailles de M. l'abbé)	Marcel Reymond.	VI.	500
id. Un peintre provincial	A. Silvy.	XVIII.	219
Guiffrey (Guignes). Sgr de Boutières	Crozat.	V.	713

H

Hache fils, ébéniste de Grenoble (Quelques quittances de)	A. Prudhomme.	VIII.	536
Histoire en province et dans les Académies de province (Étude de l')	Ch. Charaux.	II.	1
Houille blanche (Le récent projet de loi sur la)	L. Michoud.	XVIII.	10
Humbert II (Lettre du Dauphin à l'empereur Louis de Bavière en faveur des Dominicains)	A. Prudhomme.	VIII.	534

I

| Inscription en l'honneur de Maïa découverte à Grenoble | C. Guirimand. | I. | 387 |
| Institut (Devant le Palais de l'. Les éléments des systèmes philosophiques | Ch. Charaux. | IX. | 105 |

J

Jetons banaux du Dauphiné	J. Roman.	I.	393
id. des Dauphins et Dauphines	id.	IV.	133
id. id. id.	id.	VII.	603

	AUTEURS	TOMES	PAGES
Jouffroy (Dorothée de) (1751-1832). Le premier bateau à vapeur	A. Vellot.	I.	135
Juridiction (la) consulaire en France	G. Silvy.	XIV.	141

L

Lamartine et les Alpes	V. Nicolet.	VIII.	65
La Morte-Laval (Monographie de la famille de)	Cte de Miribel.	XVI.	73
Langue vulgaire du Haut-Dauphiné (Essai sur la)	A. Devaux.	V.	81
Le Pays (René), directeur des Gabelles en Dauphiné (Un bel esprit de province au XVIIe siècle)	P. Morillot.	III.	341
Lépreux (Nomination d'un inspecteur des) (1370)	A. Prudhomme.	XV.	352
Lesdiguières (Lettre de) à Mme de Saint-André, 29 avril 1590	A. Lagier.	I.	446
Lesseillon (Napoléon III et les forts de)	J. de Crozals.	XV.	172
Littérature (la) militaire en France	Gal Février.	III.	267
Louis XI et les États pontificaux de France au XVe siècle, d'après des documents inédits	R. Rey.	XII.	187

M

Mably (Les théories sociales de)	L. Michoud.	XV.	89
Maître des œuvres du Dauphiné (Les fonctions du)	A. Prudhomme.	III.	562
Malte (Une journée à)	V. Nicolet.	IX.	81
Mandements de Virieu, Chábons, Montrevel et du Passage (Les anciens)	A. Lagier.	IV.	299
Maubec (Le Marquisat de) au XVIIe siècle	G. Vellein.	XI.	487
Maugiron (Quittances de Jacques Langlois, tapissier de Paris, à)	A. Prudhomme.	VIII.	533
Mazarin (Lettres inédites extraites des manuscrits de la Bibliothèque de Grenoble)	id.	V.	739
Médecin (le) de village	A. Dumarest.	XIV.	65
Mesure (De la)	Ch. Charaux.	IV.	209
Mistralie de Voiron	Cte de Miribel.	XI.	81
Molière à Grenoble (1652-1658)	A. Prudhomme.	XVII.	125
Monnaies frappées en Dauphiné par les Ligueurs avec la date de 1593 et au nom du Christ Roi	Chaper.	II.	438
id. gauloises (Symbolique des) des dépôts de Moirans, Sainte-Blandine, Tourdan et Laveyron	A. Gevrey.	XVII.	139

	AUTEURS	TOMES	PAGES
Montauban (Charte du 28 janvier 1294 relative à la Baronnie de)	E. Caillemer.	II.	419
Mosaïque (Découverte à Sainte-Colombe-les-Vienne le 10 mai 1894 d'une)	J.-B. Cornillon.	VIII.	525
Moult me tarde !	A.-M. de Franclieu.	I.	453
Musée de Grenoble (Acquisition d'un tableau de Pater par le)	Marcel Reymond	III.	568
id. (Dons et acquisitions depuis 1890)	id.	VIII.	191
id. (Note sur le). Tête d'étude par Rubens	id.	IV.	533

N

| Noblesse du Gapençais au XVIIIᵉ siècle (Revenus de la) | J. Roman. | IV. | 530 |

O

Ordre (De l'amour de l'ordre et de son principe)	Ch. Charaux.	V.	693
Organisme (Le milieu intérieur de l')	G. Carlet	III.	109
Ouvrière (La question)	Merceron-Vicat.	IV.	5

P

Pallias (Honoré)	Cᵗᵉ de Galbert.	X.	89
Parizet, Seyssins, Seyssinet, Saint-Nizier (Fragments d'histoire)	A. de Vernisy.	XIII.	109
Pascal et le système de Copernic	G. Allix.	XVIII.	267
Paternos (Titres et fondation du couvent de).	G. Vellein.	XI.	516
Patois du Haut-Dauphiné (De l'étude des).	A. Devaux.	III.	51
Pensée (Les éléments de la)	Ch. Charaux.	IV.	51
Pétrarque (Ses rapports avec Humbert II et les Chartreux)	A. Milliat.	XIX.	195
Poitiers (Lettre de Diane de)	A. Prudhomme.	VIII.	532
Pont-de-Beauvoisin (Une colonie juive au XIIIᵉ et XIVᵉ siècles)	H.-J. Perrin.	II.	425
Pontis (De la valeur historique des mémoires de) (1582-1651)	J. Roman.	VIII.	155
Portraits gravés de la Bibliothèque de Grenoble.	Marcel Reymond	II.	307
Propriétaire (Un petit), cultivateur des environs de Grenoble	J. de Beylié.	VII.	549
Prouverbes doufineuse e de coumpareisons des Trievas (Uno pugna)	G. Guichard.	II.	355

R

	AUTEURS	TOMES	PAGES
Ravenne (Impression de)	J. Roman.	XII.	42
Rêve (le) et l'action	Paulin Vial.	XI.	52
Rêverie (la)	Capt Gentil.	XV.	22
Révolution dans le département de l'Isère (Études franciscaines sur la)	R. P. Apollinaire	VI.	337
id. française (Les opinions successives d'un gentilhomme savoyard sur la)	A. Prudhomme.	XV.	209
Roussillon (Amédée de), évêque de Valence et de Die (1276-1281)	J. Chevalier.	III.	171

S

	AUTEURS	TOMES	PAGES
Saint-André de Grenoble (Quelques notes sur l'église de)	E. Perier.	II.	484
Saint-Antoine-en-Viennois (Documents pour servir à l'histoire de l'église de)	A. Prudhomme.	V.	745
id. Caractère italien de la façade et sculpture de Le Moiturier.	Marcel Reymond	X.	77
id. et les Antonins (Notice sur l'abbaye)	Petit.	X.	63
Saint-Barthélemy (Une lettre de l'un des fils du B^on des Adrets relative à la)	E. Chaper.	IV.	504
Saint-Honorat et son monastère	Cte de Galbert.	X.	97
Saint-Martin-d'Hère (Notes historiques sur).	E. Perier.	VIII.	209
Savoie et Dauphiné	Dullin.	XII.	18
id. (Lettre adressée au Duc de) par Louis-Oddinet de Montfort, président du Sénat de Savoie, sur l'état respectif des forces catholiques et protestantes dans la région dauphinoise	Mis d'Albon.	IX.	533
Sceau de Raymond de Montauban découvert en Tunisie (A propos d'un)	E. Chaper.	II.	417
Science psychique (État actuel de la)	C^el de Rochas.	XVIII	359
Sentiment (du) de la Nature comme élément littéraire	G. Monavon.	II.	399
Servan (Lettres du président Vidaud de La Tour relatives au procès de la D^lle Bon et à la démission de)	A. Prudhomme.	II.	442
id. Sur le même sujet (Lettres inédites de)	E. Chaper.	II.	464
id. et une cause célèbre devant le Parlement du Dauphiné	L. Dubarle.	XVIII.	43
Servient (Ennemond, ambassadeur de France à Turin (1648-1676). Anecdotes inconnues.	Gaudence Claretta.	IX.	503
Sépulture des Austro-Sardes tués devant Grenoble en juillet 1815 (Mémoire sur le lieu de)	B. Charvet.	II.	297

	AUTEURS	TOMES	PAGES
Simon (Claude), lieutenant de grenadiers du régiment de Walsh aux armées du Nord, des Ardennes et de Sambre-et-Meuse....	E. Delorme.	XII.	453
Solitude (la) de la Terre.................	G. Dumesnil.	XIII.	77
Sonnets de route........................	A. Dumarest.	XV.	195
Stendhal (Un livre récent sur)............	P. Morillot.	XVI.	146
Sylve-Bénite (La Chartreuse de la)........	A. Lagier.	II.	215

T

	AUTEURS	TOMES	PAGES
Table des matières contenues dans la collection de l'Académie Delphinale, 1787-1886..	A. Piollet.	Un volume à part.	
Tallard (Autour d'Arnaud de Trians, v de).	J. Roman.	XV.	245
Tencin (Notes pour servir à l'histoire de Mme de).........................	A. Prudhomme.	XVIII.	296
Ternay (Cession du prieuré faite par l'abbé de Cluny à la mense conventuelle de Cluny).	R. Delachenal.	IV.	500
Thodure (La Baronnie de) 1789...........	Macé de Lépinay	III.	469
Tour-du-Pin (la) de 1789 à 1793...........	Abbé Martin.	VII.	425
Trésor (le) de Tourdan	Allotte de La Fuye.	VIII.	7
id. (Description du de Sainte-Blandine.	id.	IV.	245
Tribunaux (les de Grenoble pendant les premières années de la Révolution.......	F. Masse.	I.	38
Tuiles (La journée des) d'après les mémoires du chevalier de Mantort.............	A. Prudhomme.	VI.	548

V

	AUTEURS	TOMES	PAGES
Vauban, créateur et premier organisateur de nos frontières...............	Com^t Vallernaud	XVIII.	185
id. (Un mémoire inédit de...........	C^d de Rochas.	X.	477
Verriers de Genève Évrard Soudruquel et Claude Violése) 1458.................	A. Prudhomme.	I.	445
Vienne (Histoire de la réunion de Vienne à la France, 1328-1454 ...	Claude Faure.	XIX.	327
id. ...	id.	XX.	13
Vignon Marie, veuve du connétable de Lesdiguières Dernières années	J. Roman.	VI.	403
Voiron (Les armoiries anciennes de la ville de)	A. Prudhomme.	II.	441
Voyage de Grenoble à Vienne (Ce que coûtait en 1577 un	A. Lagier.	III.	563
id. d'un légat du Pape à travers le Dauphiné...........................	J. Roman.	I.	441

W

	AUTEURS	TOMES	PAGES
Westmark (Conférence de M sur ses voyages dans le Haut-Congo.................	C. Guirimand.	II.	483

TABLE ALPHABÉTIQUE

DES

AUTEURS

CONTENANT PAR ORDRE CHRONOLOGIQUE L'INDICATION

DE LEURS DISCOURS, ALLOCUTIONS ET COMMUNICATIONS

A

<table>
<tr><td></td><td>TOMES</td><td>PAGES</td><td>Extrait des proces-verbaux</td></tr>
</table>

Académie Delphinale :

Discussion d'un projet de revision du règlement de l'Académie. MM. Ginon, Charaux et Villars sont chargés de l'étude de cette question .... — S⁵ du 19 fév. 1886.

Discussion et approbation d'un projet de modification au règlement .... — 1ᵉʳ avril 1887.

Lettre de M. le Préfet de l'Isère invitant l'Académie Delphinale à venir saluer M. le Président de la République à son passage à Grenoble, le 20 juillet... .... — 19 juil. 1888

MM. Guirimand, président, Fournier, vice-président, Prudhomme, secrétaire perpétuel, sont députés ... . — —

Renvoi des projets de modification du règlement à une Commission de cinq membres : MM. Chaper, Charaux, Ginon, Trouiller, de Galbert .... — 18 janv

Adoption des conclusions du rapport de la Commission chargée de la revision du règlement. ....

Adoption des articles 1 à 21 du règlement.

Approbation des démarches faites par le Président auprès de la Municipalité au sujet du local des séances de l'Académie

	TOMES	PAGES	Extrait des procès-verbaux
Décision concernant l'impression de la table méthodique des bulletins rédigée par M. Piollet			Sce du 13 avril 1889.
Vote de l'impression de la notice sur Chépy de M. Delachenal suivie de sa correspondance, dont M. Chaper offre de faire les frais. Ces deux publications formeront le premier fascicule d'un volume de documents inédits consacré à l'histoire de la Révolution en Dauphiné	—	—	
Lecture et adoption des articles 24 à 35 du règlement. Le nouveau règlement sera imprimé en tête du Bulletin de l'année 1889	—	17 juin 1889.	
Subvention de cinq cents francs accordée par le Ministre de l'Instruction publique en vue de la publication de la correspondance du cardinal Le Camus	—	26 juil. 1889.	
Subvention de cent francs accordée par le Conseil général et don de la même somme par M. Richard-Berenger	—	22 nov. 1889.	
Mention honorable obtenue par l'Académie à l'Exposition universelle	—	—	
La table des bulletins de l'Académie, rédigée par M. Piollet, est imprimée	—	—	
Souscription d'une somme de cent francs à l'érection du monument Guétal	—	1er avril 1892.	
Traité avec la ville de Grenoble pour le dépôt des livres de l'Académie à la bibliothèque municipale	—	16 fév. 1894.	
Réunion archéologique à Vienne, le 14 juin 1894	VIII.	xxx	
La séance est levée en signe de deuil (assassinat de M. Carnot)	—	29 juin 1894.	
L'Académie reçoit une contribution financière de M. Masse	—	24 janv. 1896.	
Extrait du testament de M. Honoré Pallias laissant dix mille francs à l'Académie pour la fondation d'un prix. L'Académie se décide à solliciter la reconnaissance d'utilité publique	—	27 nov. 1896.	
Excursion archéologique à Beauvoir et Saint-Antoine (28 juin 1896)	X.	43	
Vote des modifications aux statuts demandés par le Conseil d'État	—	18 juin 1897.	
Excursion archéologique aux grottes des Echelles et à Chambéry, juillet 1897. Souscription au monument de Joseph et Xavier de Maistre	—	23 juil. 1897.	

	TOMES	PAGES	Extrait des procès-verbaux
Décret du 15 février 1898 reconnaissant l'Académie Delphinale comme établissement d'utilité publique	XI.	XXXIX	
Statuts annexés audit décret	XI.	XLI	
L'Académie Delphinale se fait représenter par M. Fournier aux fêtes du cinquantenaire de la Société d'Archéologie lorraine			S^{ce} du 3 juin 1898.
Excursion archéologique à Romans et Valence, 26 juin 1898.			
Organisation du premier concours Pallias.			— 20 janv. 1899.
Excursion archéologique en Provence, 3, 4, 5 juin 1899	XIII.	501	
Excursion archéologique à Crémieu et Saint-Chef, 22 juillet 1900	XIV.	287	
La bibliothèque reçoit les livres offerts par les héritiers de M. Pallias			— 30 nov. 1900.
Résultat du premier concours Pallias.			
Un prix de cent francs est offert par un membre de l'Académie pour un concours de poésie			— 18 janv. 1901.
L'Académie accorde son patronage à la conférence que M. Julien Tiersot, sous-bibliothécaire du Conservatoire de Paris, fera le 25 février sur : la Chanson française			— 1er fév. 1901.
Proclamation des noms des lauréats du concours de poésie.			
Rapport du Secrétaire perpétuel sur le projet de changement d'installation			— 31 mai 1901.
Excursion archéologique en Vaucluse 15, 16 et 17 juin 1901	XV.	340	
Première réunion de l'Académie rue Mably			— 29 nov. 1901.
Visite au château de Sassenage. 15 mai 1902	XVI.	XXX	
Excursion archéologique à Annecy. Menthon et Talloires. 5 et 6 juillet 1902	XVI.	476	
Annonce du deuxième concours Pallias			— 23 janv. 1903.
Séance publique extraordinaire tenue dans la Salle des Concerts de l'Hôtel de Ville le 5 juin 1903	XVII.	120	
Souscription de cinquante francs en faveur des fêtes du centenaire de Berlioz.			
Approbation du règlement intérieur présenté par M. Michoud			— 19 juin 1903.
Excursion archéologique à Léoncel. 29 juin 1903.			
Texte du Règlement intérieur	XVIII.	XLV	
Nomination des membres du Jury pour le deuxième concours Pallias			— 20 nov. 1903.

TOMES PAGES Extrait des procès-verbaux

Adoption des conclusions de la Commission chargée de l'attribution des prix du concours Pallias.................... Sce du 25 mars 1904,

Proclamation des noms des lauréats du deuxième concours Pallias............. — 22 avril 1904.

Excursion archéologique à Tarascon, Beaucaire, Nimes, Aigues-Mortes, 28-31 mai 1904..... XVIII. 405

id. aux ruines de Bressieux, 8 juin 1905 XIX. 397

L'Académie décide d'appeler l'attention du Comité des monuments historiques sur l'état déplorable de l'église de Marnans.. — 3 juin 1905.

Modification aux statuts concernant le rachat des cotisations des membres titulaires et associés........................ XIX. XLV — 12 janv 1906.

Excursion archéologique à Viviers et Cruas, 16 juin 1906..................... XX. 451

Accarias Joseph, *m. t.,* conseiller à la Cour d'appel en retraite :

Lecture d'une notice sur Jacques Accarias de Sérionne..................... III. 187 — 5 juil. 1889.

Albon (Marquis d'). *m. a. :*

Lettre de Louis-Oddinei de Montfort, président du Sénat de Savoie, au Duc de Savoie sur l'état respectif des forces catholiques et protestantes dans la région dauphinoise, 1567............ IX. 533 — 24 janv. 1896.

Lettres de divers députés aux Etats généraux adressées à M. le Marquis de Viennois.............................. — 19 déc. 1902.

id. — 23 janv. 1903.

Allix (G.), *m. t.,* industriel, ancien capitaine du Génie :

Discours de réception : Éléments de la personnalité artistique de Berlioz....... XVII. 8 — 15 mai 1903.

Pascal et le système de Copernic.......... XVIII. 267 — 26 fév. 1904.

Entretien sur les travaux du général Joubert de la Salette relatifs à la musique.. — 17 mars 1905.

Compte rendu d'un livre récent de M. A. Boschot : *La Jeunesse d'un ron antique : Hector Berlioz (1803-1831* .. .. — 2 fév. 1906.

Allotte de La Fuye, *m. t.,* chef de bataillon au 2e régiment du Génie :

Discours de réception : Description du Trésor de Sainte-Blandine. .... IV. 245 — 19 déc. 1890.

Quelques observations sur un recueil de planches de monnaies gauloises........ — 17 fév. 1893.

	TOMES	PAGES	Extrait des procès-verbaux
Compte rendu d'une importante découverte archéologique faite au village de Tourdan (Isère)	VIII.	7	Sce du 1er déc. 1893.
Anglès d'Auriac, *m. t.*, général de brigade en retraite :			
Discours de réception : Note sur la ville de Gravisca	X.	7	— 23 déc. 1896.
Apollinaire (R. P.), *m. a.*, des Capucins de Valence :			
Études franciscaines sur la Révolution dans le département de l'Isère	VI.	337	— 4 mars 1892.
Arnaud (Victor), *m. a.*, notaire à La Mure :			
Étude sur les seigneurs de Ratier et du Monétier de la famille de Combourcier	VII.	625	— 21 juil. 1893.
Étude généalogique sur la famille de Combourcier			— 16 fév. 1894.
Auvergne (le chanoine), *m. a.*, ancien secrétaire général de l'Évêché de Grenoble :			
Mémoire sur une enquête faite au Bouchage en 1301 pour Humbert Ier contre Amédée de Savoie			— 1er juin 1888.

B

	TOMES	PAGES	Extrait des procès-verbaux
Barthélemy, *m. t.*, ancien conservateur des Forêts :			
Discours de réception : Étude sur une réformation générale des forêts en Dauphiné (1725-1733)	XX.	189	— 7 déc. 1906.
Bérenger (Marquis de), *m. a.* :			
Précis de la vie de Henri Ier, duc d'Harcourt, maréchal de France			— 22 mars 1902.
Berruyer, *m. t.*, ancien architecte diocésain :			
Discours de réception : L'art et le style en architecture	IV.	73	16 mai 1890.
Bertrand (Édouard), *m. t.*, professeur à la Faculté des Lettres :			
Discours de réception : De l'expression dans l'art	V.	617	— 20 nov. 1891.
Beylié (Jules de), *m. t.* :			
Discours de réception : Un petit propriétaire-cultivateur des environs de Grenoble à la fin du XIXe siècle	VII.	549	— 5 mai 1893.
Quelques pages inédites de Barnave	XII.	539	— 3 juin 1898.
Lecture d'un chapitre de ses études sur Barnave : Barnave, maire de Grenoble.	XII.	563	— 30 déc. 1898.

	TOMES	PAGES	Extrait des procès-verbaux
Allocution du Président : De l'esprit d'association dans les Alpes dauphinoises...	XIV.		Séc du 19 janv. 1900.
Réponse au discours de réception de M. Édouard Silvy	XIV.	51	— 9 mars 1900.
Éloge de M. Dugit, récemment décédé.....			— 18 mai 1900.
Communication d'une lettre de Barnave sur le club des Jacobins et le club de la Société de 1789.	XIV.	180	— 18 mai 1900.
Compte rendu des fêtes célébrées à Lyon en l'honneur du 2ᵉ centenaire de l'Académie de Lyon. Il y a représenté l'Académie Delphinale........................			— 1ᵉʳ juin 1900.
Réponse au discours de réception de M. Dumarest...........................	XIV.	84	— 1ᵉʳ juin 1900.
Réponse au discours de M. Gabriel Silvy..	XIV.	167	— 30 juil. 1900.
Éloge de MM. Paulin de Boissieu et Gabriel Silvy, récemment décédés..............			— 9 nov. 1900.
Signalement d'un manuscrit inédit de Mounier..........			— 30 nov. 1900.
Lecture de lettres inédites de Barnave sur la prise de la Bastille et les journées des 5 et 6 octobre 1789.	XIX.	279	— 31 mars 1905.
Beylié (de), *m. a.*, général de brigade :			
Lecture de quelques fragments d'un récit de voyage de Paris à Samarcande.......			· 26 juil. 1889.
L'art hindou et son influence dans le monde.	XIX.	177	— 30 juin 1905.
Bizot, *m. a.*, architecte à Vienne :			
Notice sur deux mosaïques récemment découvertes à Sainte-Colombe............			— 28 avril 1899.
Boudet (Marcellin), *m. l.*, conseiller à la Cour d'appel de Grenoble :			
Discours de réception : L'Auvergne en Dauphiné..............................	XII.	95	— 14 déc. 1898.
Les chartes coutumières d'Aspres-sur-Buech, 1276-1489	XVI.	173	— 20 mars 1903.
Bouillat (l'abbé, *m. a.*, curé de Jonage :			
Biographie du général Marchand..........			— 28 avril 1899.
Brun-Durand, *m. a.*, correspondant du Ministère de l'Instruction publique :			
Lecture de l'introduction d'un censier de l'Église de Die du XIIIᵉ siècle............	III.	397	— 27 déc. 1889.
Busquet, *m. a.*, archiviste de la ville de Grenoble :			
Étude biographique sur Pierre Arcoud, médecin, poète et professeur à l'Université de Grenoble (1522-1567)...	XX.	365	— 16 févr. 1906.
id. ...	XX.	369	— 16 mars 1906.

C

TOMES PAGES Extrait des procès-verbaux

Caillemer, *m. a.*, doyen de la Faculté de Droit de Lyon :
Lecture d'un mémoire relatif à la Baronnie de Montauban...................... II. 419 S^{ce} du 10 juin 1887.

Carlet (G.), *m. t.*, professeur à la Faculté des Sciences :
Conférence sur l'anatomie et la physiologie des abeilles........................ — 1er mars 1889.
Le milieu intérieur de l'organisme......... III. 109
Recherches sur les organes sécréteurs et la sécrétion de la cire chez les abeilles..... IV. 235 — 21 févr. 1890.
Réponse au discours de réception de M. Berruyer................................ IV. 123 — 16 mai 1890.
Éloge de M. Macé de Lépinay, récemment décédé............................... V. XXII — 16 janv. 1891.
Éloge de M. Chaper, récemment décédé... V. XXXI —
Conférence sur la Préhistoire............. — 10 avril 1891.
Réponse au discours de réception de M. Bertrand............................... V. 657 — 29 nov. 1891.
Conférence sur le mécanisme de la physionomie................................. — 29 avril 1892.

Chabert (Samuel), *m. t.*, professeur à la Faculté des Lettres
Discours de réception : L'alpinisme au XVIe siècle............................ XI. 124 — 30 déc. 1897.
Compte rendu de l'excursion archéologique en Provence........................ XIII. 501 — 16 juin 1899.
Communication relative au site dans lequel Rousseau a placé une de ses scènes célèbres de la nouvelle Héloïse............ 20 nov. 1903.
Discussion de l'authenticité d'une phrase de Tite-Live (XXI, 32, 7) relative à l'impression de terreur éprouvée par les soldats d'Hannibal au pied même de nos Alpes.................................. — 10 janv. 1905.
Lecture de l'avant-propos de son Histoire des études d'épigraphie grecque........ — 6 avril 1906.

Champollion-Figeac, *m. a.* :
Études historiques sur les archives de France .... I. 179 — 19 févr. 1886.
Lecture d'un chapitre inédit d'un nouveau volume de chroniques dauphinoises (Mouvement politique et littéraire à Grenoble, 1817-1820) .... — 7 mars 1890.

Chapelle (abbé), *m. a.*, curé de Pact :
Notice historique sur Chélieu, près Virieu-sur-Bourbre............................ — 18 nov. 1886.

TOMES PAGES Extrait des procès-verbaux

Chaper (Eugène), *m. t.*, ancien député :

Allocution du Président : Les archives et la Révolution .... I.   3   Sce du 23 janv. 1886.

Éloge de M. Auguste Petit, président de chambre honoraire à la Cour d'appel, récemment décédé ....   — 19 mars 1886.

Communication de la matrice du sceau de Raymond de Montauban ....   — 18 nov. 1886.

Lecture d'un contrat de vente d'une maison, à Grenoble, consenti à Henri Beyle par son père pour la constitution d'un majorat, alors qu'il sollicitait de l'Empereur le titre de baron ....   — —

Réponse au discours de réception de M. Masse : Autobiographie de Falquet-Planta .... I.   120   17 déc. 1886.

Réponse au discours de réception de M. Vellot .... I.   171   — 21 janv. 1887.

Communication de quelques nouveaux renseignements sur les découvertes archéologiques de Paet ....   — 6 mai 1887.

Communication de quelques fragments de la correspondance de Chépy ....   — 16 mars 1888.

A propos d'un sceau de Raymond de Montauban .... II.   417

Monnaies frappées en Dauphiné par les ligueurs avec la date de 1593 et au nom du Christ-Roi .... II.   438

Lettres inédites de Servan sur le procès de Mlle Bon .... II.   464

Présentation d'un plan manuscrit colorié du siège de La Mure, dressé en 1580, et de deux pièces de monnaies frappées par les ligueurs de Dauphiné, 1593 ....   — 18 janv. 1889.

Lettres de Servan fournissant de nouveaux détails sur les causes de sa démission ...   — 15 févr. 1889.

Communication de quatre lettres d'Henri Beyle à sa sœur Pauline et présentation de quelques bijoux romains trouvés à Saint-Hilaire-du-Rosier ....   — 15 mars 1889.

Allocution du Président .... IV.   1   24 janv. 1890.

Quelques explications sur le trésor de Sainte-Blandine ....   — 21 févr. 1890.

Don fait à l'Académie d'un certain nombre de lettres du général Joubert de la Salette.   — 7 mars 1890.

Lecture de quelques notes relatives au Dauphiné et extraites d'un manuscrit contenant le récit d'un voyage en France au XVIIe siècle ....   — 4 juil. 1890.

	TOMES	PAGES	Extrait des procès-verbaux
Éloge de M. Hyacinthe Gariel et de l'abbé Pellet, récemment décédés...............			S^{ce} du 21 nov. 1890.
Lettre curieuse de l'un des fils du Baron des Adrets relative à la Saint-Barthélemy...................................	IV.	504	— 5 déc. 1890.
Réponse au discours de réception du commandant Allotte de la Fuye..............	IV.	291	— 19 déc. 1890.
Charaux (Charles), *m. t.*, professeur à la Faculté des Lettres :			
Lecture d'un essai philosophique : Un fait curieux de double conscience............			— 19 mars 1886.
L'Art et le Christianisme. — Visite à deux artistes contemporains..................	I.	285	— 14 mai 1886.
Allocution du Président : L'Étude de l'Histoire en province et dans les académies de province............................	II.	1	— 4 fév. 1887.
Éloges de MM. Pagès et La Bonnardière, récemment décédés....................			— 4 mars 1887.
Conférence sur les progrès de la langue française au Canada....................			— 1er avril 1887.
Lecture de quelques pensées détachées de son livre sur : La Pensée..............			— 6 mai 1887.
Quelques explications relatives au portrait du Dr Gagnon......................			— 10 juin 1887.
Réponse au discours de réception du capitaine Darton........................			— 29 juil. 1887.
Compte rendu de l'étude de M. Félix Faure sur les assemblées de Vizille et de Romans............................			— 18 nov. 1887.
Quelques fragments d'une étude philosophique sur la culture de l'esprit.........	II.	319	— 18 nov. 1887.
Quelques observations sur l'extension de la langue et de l'influence françaises au Canada et sur les progrès des Canadiens aux États-Unis......................			— 9 déc. 1887.
Lecture d'une étude philosophique sur la liberté de l'Esprit......................	II.	336	— 30 déc. 1887.
Lecture de quelques pensées sur l'Histoire.			— 1er fév. 1889.
Étude philosophique sur la curiosité d'Esprit.....................................	III.	317	— 23 déc. 1889.
Dissertation philosophique sur : Les éléments de la pensée et les éléments de l'histoire.............................	IV.	51	— 2 mai 1890.
De la mesure...........................	IV.	209	
Étude philosophique sur : La Civilisation et la Pensée........................	V.	669	— 5 juin 1891.
L'amour de l'ordre et de son principe.....	V.	693	— 18 déc. 1891.
Lecture de quelques pensées sur divers sujets................................			— 24 mars 1893.

TOMES PAGES Extrait des procès-verbaux

Portrait philosophique : L'Optimisme..... Sce du 19 janv. 1894.
Quelques pensées sur l'Optimisme et le
    Pessimisme.......... — 27 avril 1894.
Allocution du Président..... IX 1 — 25 janv. 1895.
Souvenirs intimes sur la jeunesse de Taine. — 1er mars 1895.
    id.   id.   id. — 22 mai 1895.
Éloge du général Baron Thomas et de
    M. Pons, récemment décédés.......... — 10 mai 1895.
Réponse au discours de réception de M. Har-
    douin.......... IX. 71 — 12 juil. 1895.
Éloge de M. Ennemond Perier, récemment
    décédé.......... — 29 nov. 1895.
Les éléments nécessaires de tout système
    philosophique. — Devant le palais de
    l'Institut.......... IX. 105 — 13 déc. 1895.
L'Art et la Pensée.......... X. 111 — 11 déc. 1896.
Lettre et journal de la montagne.......... — 18 juin 1897.
Charvet (Baptiste), m. t., docteur en méde-
    cine :
Mémoire sur le lieu de sépulture des Aus-
    tro-Sardes tués devant Grenoble en juil-
    let 1815.......... II. — 297 9 déc. 1887.
Communication de quelques recherches
    rétrospectives sur la variole et la vaccine
    à Grenoble, de 1775 à 1887.......... — 30 déc. 1887.
Communication relative à un projet d'éle-
    ver un monument à Bayard dans l'église
    Saint-André.......... — 15 fév. 1889.
Communication de nouvelles observa-
    tions sur l'authenticité des restes de
    Bayard.......... — 13 avril 1889.
Observations sur un éperon du xive siècle
    trouvé sur le Saint-Eynard.......... III. 559 — 23 déc. 1889.
Chevalier (Jules), m. a., professeur au
    Grand Séminaire de Valence :
Communication de la première partie d'une
    étude historique sur Amédée de Roussil-
    lon, évêque de Valence et de Die.......... III. 171 — 16 mai 1889.
Chevalier (Ulysse, m. a., correspondant
    de l'Institut :
Cartulaire de l'abbaye de Notre-Dame de
    Bonnevaux.......... II. 17
Claretta (Gaudence, de l'Académie des
    Sciences de Turin :
Notice sur Ennemond Servient, ambassa-
    deur de France à Turin, 1648-1676....... IX. 503 — 10 mai 1895.
Cornillon, m. a., bibliothécaire à Vienne :
Note sur une mosaïque découverte à
    Sainte-Colombe, le 10 mai 1894.......... VIII. 525 — 16 nov. 1894.

TOMES PAGES Extrait des procès-verbaux

Crozals (J. de), *m. t.*, professeur à la Faculté des Lettres :
La Faculté des Lettres à Grenoble : Deux doyens........................ X.   151   S^{ce} du 29 janv. 1897.
Deux chapitres d'un ouvrage en préparation : l'un relatif à Augustin Thierry, l'autre à Mignet ....   — 18 nov. 1898.
Éloge de M. Charvet, récemment décédé..   — 20 janv. 1899.
Allocution du Président................... XIII.   1   —   —
La famille de Cavour................... XIII.   20   — 24 fév. 1899.
Éloge de M. Édouard Beaudoin, récemment décédé...................   — 11 nov. 1899.
Réponse au discours de réception de M. Dumesnil.................... XIII.   94   —   —
Éloge de M. Revillout, récemment décédé.   — 8 déc. 1899.
Réponse au discours de réception de M. de Vernisy.................... XIII.   335   —   —
Napoléon III et les forts de Lesseillon.... XV.   172   — 31 mai 1901.
Rapport sur le 2e concours Pallias........ XVIII.   393   —
Crozat (l'abbé), *m. a.*, curé-archiprêtre de Saint-Marcellin :
Lecture d'un éloge de Bayart............. IV.   181   — 21 nov. 1890.
Étude historique sur Guigues Guiffrey, seigneur de Boutières .... V.   713   — 13 fév. 1891.
Notice sur le Baron des Adrets...........   — 8 mai 1891.
Portrait de M. Jules Sestier, président de chambre honoraire à la Cour d'appel de Grenoble....................   — 24 fév. 1899.

D

Darton, *m. t.*, capitaine du génie :
Discours de réception...................   — 29 juil. 1887.
Delachenal (Roland), *m. a.*, archiviste paléographe :
Notice historique sur Pierre Chépy....... } V.   1 { — 12 avril 1889.
    id.   id.   ...... }   { — 16 mai 1889.
Un diplôme original de Rodolphe III, roi de Bourgogne .... IV.   495
Cession du prieuré de Ternay faite par l'abbé de Cluny à la mense conventuelle de Cluny.................... IV.   500
Quelques lettres empruntées à la correspondance de Chépy.................... } VII.   9 { — 30 déc. 1892.
Communication de quelques lettres de Chépy.................... }   { — 3 fév. 1893.
Une citation de Guy Allard : Burgunnaria et Bourgoin .... VI.   545   — 24 mars 1893.
Cartulaire du temple de Vaulx........... X.   351   — 12 mars 1897.

TOMES PAGES Extrait des procès-verbaux

Delorme (Emmanuel), *m. a.*, secrétaire-
archiviste de la Chambre de Commerce
de Toulouse :

Lettres d'un jeune Lieutenant de grenadiers
du Régiment de Walsh aux armées du
Nord, des Ardennes et de Sambre-et-
Meuse.. XII.   453   S^{ce} du 25 fév. 1898.

Suite des lettres ci-dessus.............. —   — — 11 mars 1898.

Devaux (l'abbé), *m. a.*, doyen de la Faculté des Lettres de Lyon :

Histoire et état actuel des Études patoises
dans le Haut-Dauphiné................. III.   51   — 29 mars 1889.

Essai sur la langue vulgaire du Haut-Dauphiné au moyen âge.................... V.   81

Dubarle (Léon), *m. t.*, ancien magistrat :
Discours de réception : Servan et une cause
célèbre devant le Parlement de Dauphiné XVIII.   43   — 22 avril 1904.

Dullin, *m. t.*, conseiller à la Cour d'appel :
Discours de réception : Éloge du Dr Cha-
puy. Savoie et Dauphiné .... XII.   18   — 6 mai 1898.

Mémoire sur le Club des Jacobins de Ca-
rouge.. XIV.   194   — 15 juin 1900.

Dumarest, *m. t.*, docteur en médecine :
Discours de réception : Éloge de M. Cha-
brand. Le médecin de village.......... XIV.   65   — 1er juin 1900.

Sonnets de route........................... XV.   195   — 29 mars 1901.

Dumesnil (G.), *m. t.*, professeur à la Faculté
des Lettres :

Discours de réception : La Solitude de la
Terre....................................... XIII.   77   — 11 nov. 1899.

Dussert (l'abbé), *m. t.*, professeur à l'Ex-
ternat Notre-Dame :

Lecture de quelques pages de son : Essai
historique sur La Mure et son mandement.   — 4 juillet 1902.

Compte rendu de l'excursion archéologique
à Tarascon. Beaucaire, Nîmes et Aigues-
Mortes..................................... XVIII.   405   — 4 nov. 1904.

F

Faure (Claude), *m. a.*, archiviste paléographe :

Histoire de la réunion de Vienne à la (XIX.   327   — 18 mai 1906.
France (1328-1454) ....) XX.   13   — 6 juillet 1906.

Faure-Biguet, *m. t.*, général commandant
la 27e division :

Discours de réception : Note sur l'Afrique
romaine.................................... XI.   10   — 28 mai 1897.

	TOMES	PAGES	Extrait des procès-verbaux

Ferrand (Henri), *m. t.*, avocat à la Cour d'appel :

Récit de son ascension au pic du Clapier-du-Peyron (18 juillet 1887)............... — S^{ce} du 16 mars 1888.

Compte rendu de la réunion du Club Alpin dans les causses de la Lozère........... — 27 fév. 1891.

Récit d'une excursion à la Louise-Blanche. — 17 fév. 1893.

Étude sur : Le sentiment de la Nature et la fréquentation de la Montagne.......... — 1er mars 1895.

Une nuit à l'Hôtel de la Belle-Étoile...... — 13 mars 1896.

Récit d'une excursion dans le Val d'Illiez et à la haute cime de la Dent du Midi.... — 12 mars 1897.

Allocution du Président................... XII. 1 — 14 janv. 1898.

Éloge de MM. Chabrand et Accarias, récemment décédés...................... — 25 fév. 1898.

Préface de son ouvrage sur les montagnes de la Grande-Chartreuse............... — 1er avril 1898.

Réponse au discours de M. Dullin......... XII. 35 — 6 mai 1898.

Communication de quelques lettres du général Bourgeat et extrait du journal de son officier d'ordonnance, le capitaine Pernet............................... — 20 mai 1898.

Un chapitre de son ouvrage sur la montagne de la Grande-Chartreuse........ — 29 juillet 1898.

Réponse au discours de réception de M. Boudet................................. XII. 78 — 16 déc. 1898.

Introduction et premier chapitre de son livre en préparation sur Belledonne et les Sept-Laux.............................. — 18 mai 1900.

Lecture de quelques passages dudit livre. — 30 nov. 1900.

id. — 21 déc. 1900.

Compte rendu de l'excursion archéologique en Vaucluse......................... XV. 310 — 29 nov. 1901.

Un problème de géographie dauphinoise.. XVI. 117 — 2 mai 1902.

Un chapitre de son livre sur l'Oisans : Utilisation de la montagne................ — 21 nov. 1902.

Compte rendu de l'excursion archéologique à l'abbaye de Léoncel.................... XVII. 253 — 20 nov. 1903.

Étude sur l'Alpinisme et le Tourisme en 1904................................ — 6 mai 1904.

Étude sur les premières cartes de Savoie.. — 19 mai 1905

L'Académie Delphinale aux ruines du château de Bressieux .... XIX. 307 — 10 nov. 1905.

Lecture des premières pages de son livre sur la Savoie méridionale .... — 6 avril 1906.

Lecture de quelques pages de son livre sur la Savoie méridionale .... — 6 juillet 1906.

Compte rendu de l'excursion archéologique à Viviers et Cruas.................... XX. 451 — 23 nov. 1906.

TOMES PAGES Extrait des procès-verbaux

Février (le général), *m. t.*, ancien grand
chancelier de la Légion d'honneur :
Discours de réception : La Littérature mili-
taire en France...................... III.   267 S^{ce} du 22 nov. 1889.
Fournier (Paul), *m. t.*, professeur à la
Faculté de Droit :
Compte rendu de l'ouvrage récemment pu-
blié par M. Roland Delachenal : Histoire
des avocats au Parlement de Paris (1300-
1600)..   — 15 janv. 1886.
Entretien sur le Registre delphinal de
Mathieu Thomassin et sur le *Liber de
vera philosophia*......................   — 14 mai 1886.
Lecture d'une : Étude sur la bibliothèque
de la Grande-Chartreuse .... I.   305   — 9 juillet 1886.
Note pour servir à l'Histoire du Droit à
Grenoble .... I.   449
Notice sur Laurent Blumenau............   — 18 mars 1887.
Lecture d'un nouveau chapitre de son His-
toire du Royaume d'Arles (relatif à la
politique de Humbert II)...............   — 18 nov. 1887.
Lecture d'un nouveau chapitre de son His-
toire du Royaume d'Arles (relatif aux évé-
nements du règne de Henri VIII).......   — 30 nov. 1888.
Allocution du Président : Travaux des mem-
bres de l'Académie en 1887 et 1888...... III.   1   — 18 janv. 1889.
Réponse au discours de réception de M.
Stryiensky................................ III.   145   — 15 mars 1889.
Éloge de M. Lory, doyen de la Faculté des
Sciences, récemment décédé...........   — 16 mai 1889.
Éloge de M. le Dr Reboud, correspondant
de l'Institut, récemment décédé........   — 17 juin 1889.
Communication sur quelques diplômes du
XIIe siècle, très vraisemblablement faux,
invoqués par les églises de Viviers, de
Vienne et de Clérieux....................   — 26 juillet 1889.
Réponse au discours de réception du géné-
ral Février.............................. III.   301   — 22 nov. 1889.
Éloge de M. Albert du Boys, récemment
décédé....................................   — 23 déc. 1889.
Fragment historique sur l'entreprise diri-
gée par l'archiprêtre Armand de Cer-
volles contre la reine Jeanne de Naples
et la Provence (1357.....................   —   —
Réponse au discours de réception de M. Mo-
rillot.................................... III.   377   — 27 déc. 1889.
Réponse au discours de réception de M. Mer-
ceron-Vicat.............................. IV.   33   — 4 janv. 1890.
Lecture d'un nouveau fragment de l'Histoire

TOMES PAGES Extrait des procès-verbaux

du Royaume d'Arles, relatif aux visées de Humbert II sur cette couronne et à l'occupation de la ville de Vienne en 1338.. — Sce du 22 mars 1890.
Lecture d'un nouveau fragment de l'Histoire du Royaume d'Arles traitant des relations de l'empereur Charles IV avec le Dauphiné .... — 4 juillet 1890.
Éloge de M. l'abbé Guétal, récemment décédé — 4 mars 1892.
Résumé d'un article de M. l'abbé Duchesne, membre de l'Institut, sur l'apostolicité des églises des Gaules .... — —
Allocution du Président .... VII. 1 — 3 fév. 1893.
Réponse au discours de réception de M. l'abbé Martin .... VII. 467 — 21 avril 1893.
Réponse au discours de réception de M. Jules de Beylié .... VII. 591 — 5 mai 1893.
Réponse au discours de réception du capitaine Perreau .... VII. 497 — 26 mai 1893.
Éloge de M. Pion, récemment décédé.... . — 29 déc. 1893.
Réponse au discours de réception du général Baron Thomas .... VII. 539 — —
Communication de 4 diplômes rendus en janvier 1378, à Paris, par l'empereur Charles IV lors de sa visite au roi Charles V. Avantages politiques concédés par Charles V à l'empereur en échange du vicariat impérial .... — 14 fév. 1896.
Mémoire sur Joachim de Flore .... — 24 mars 1899.
Notice sur les œuvres d'Édouard Baudoin. — 1er mars 1901.
Allocution du Président .... XVII. 1 — 23 janv. 1903.
Réponse au discours de réception de M. Allix XVII. 76 — 15 mai 1903.
Allocution à la séance solennelle du 5 juin 1903 (commémoration de Berlioz) .... XVII. 120
Réponse au discours de réception de M. Gevrey .... XVII. 173 — 4 déc. 1903.
Réponse au discours de réception de M. Grospellier .... XVII. 277 — 8 janv. 1904.
Renseignements sur quelques manuscrits du moyen âge de la collection de M. le chanoine Ginon .... — 16 mars 1907.
Franclieu (A.-M. de), *m. a.* :
Moult me tarde ! .... I. 453

G

Galbert (Cte de), *m. t.* :
Allocution du Président .... X. 1 — 24 janv. 1896.
Notice sur les îles de Lérins et l'abbaye de Saint-Honorat .... X. 97 — 24 avril 1896.

	TOMES	PAGES	Extrait des procés-verbaux
Éloge de MM. Pallias et Cantel, récemment décédés	X.	89	Sce du 27 nov. 1896.
Réponse au discours de réception du général Anglès d'Auriac	X.	33	— 23 déc. 1896.
Guillaume de Charancy	XI.	155	— 26 nov. 1897.
L'aquiculture à l'Université de Grenoble	XV.	285	— 29 mars 1901.

Galbert (Maurice **de**), *m. a.*, lieutenant d'infanterie au 75e régiment :

| L'Ile de la Galite | XVII. | 232 | — 13 fév. 1903. |

Gentil, *m. t.*, capitaine d'artillerie :

| Discours de réception : Éloge de M. Paulin de Boissieu. La Rèverie | XV. | 22 | — 14 juin 1901. |

Gevrey (A.), *m. t.*, conseiller à la Cour d'appel :

Discours de réception : Éloge de M. Dugit. Symbolique des monnaies gauloises des dépôts de Moirans, Sainte-Blandine, Tourdan et Laveyron	XVII.	139	— 4 déc. 1903.
Allocution du Président	XX.	1	— 2 fév. 1906.
Fait part de la mort de M. le chanoine Rey.			— 16 mars 1906.
Éloge de M. Gabriel Monavon, récemment décédé	XX.	XL	— 9 nov. 1906.
Réponse au discours de réception de M. Barthélemy	XX.	239	— 7 déc. 1906.
Éloge de M. Lavauden, récemment décédé	XX.	XLIV	— 11 janv. 1907.

Ginon (l'abbé, *m. t.*, curé de St-Joseph :

Allocution du Président : Étude sur M. Chaper d'après sa correspondance, 1re partie.	VI.	1	— 22 janv. 1892.
Suite de l'étude sur M. Chaper	VI.	1	— 12 fév. 1892.
Éloge de M. Trouiller, récemment décédé.			— 1er avril 1892.
Réponse au discours de réception de M. Casimir Royer	VI.	439	— —
Éloge du Dr Carlet, récemment décédé			— 27 mai 1892.
Éloge de M. Viollet, récemment décédé			— 25 nov. 1892.
Lecture de la fin de sa notice sur M. Eugène Chaper	VI.	1	— —
Notice biographique sur l'abbé Gnétal	VI.	481	— 30 déc. 1892.
Communication de quatre lettres écrites par Lacordaire à M. Vicat. Grenoble, 1844			— 29 déc. 1895.

Grospellier (l'abbé, *m. t.*, professeur au Grand Séminaire :

| Discours de réception : Éloge de M. Berryer. Histoire du calendrier liturgique de Grenoble | XVII. | 269 | — 8 janv. 1904. |

Guichard (G.), *m. a.*, économe de l'asile de Mont-de-Vergne (Vaucluse) :

| Proverbes patois du Trièves | II. | 355 | — 4 mars 1887. |

TOMES PAGES Extrait des procès-verbaux

Guirimand (Casimir), *m. t.*, avocat à la
Cour d'appel :
Rapport sur une inscription en l'honneur
de Maïa .... I. 387 Séc du 14 mai 1886·
Allocution du Président.................... — 27 janv. 1888.
Le Président, au nom de l'Académie Del-
phinale, salue le Président de la Répu-
blique .... — 19 juillet 1888·
Présentation de M. Westmark, explorateur. II. 483
Réponse au discours de réception de
M. Piollet .... II. 410 — 21 Déc. 1888.

H

Hardouin, *m. t.*, professeur à l'École du
Génie :
Discours de réception · Notice sur M. Gariel. IX. 15 — 12 juillet 1895.
Hartleben (Herminie) :
Lettre demandant une rectification dans la
table des mémoires de l'Académie Del-
phinale au sujet de Champollion le Jeune,
qui faisait partie de l'Académie dès 1808. X. XXXVI — 23 déc. 1896.

I

Ingold :
Lettres du cardinal Le Camus, évêque de
Grenoble (1632-1707) .... I. 2e série Documents inédits.

J

Jacquard (R. P.), *m. a.*, du Tiers-Ordre
de Saint-Dominique :
Étude sur les académies dans l'antiquité et
au moyen âge.............................. VII. 659 — 1er déc. 1893.
Notice historique et géographique sur la
rivière l'Isère............................ — 9 mars 1894.
Projet d'une statistique religieuse de la
province de Dauphiné...................... — 29 mai 1896.
Juster, *m. t.*, capitaine d'État-Major :
Discours de réception · Éloge de M. G.
Silvy. Deux ans de commandement à Châ-
teau-Queyras (1822-1824)................. XVI 17 — 31 janv. 1902.
L'équipage d'un chef de brigade de carabi-
niers sous Louis XV...................... — 2 mai 1902.
Récit des fêtes de Grenoble à l'occasion
du mariage de Napoléon et de Marie-
Louise.................................... XVI. 135 — 1 nov. 1902.

	TOMES	PAGES	Extrait des procès-verbaux
Analyse d'un livre récemment publié sur le général Aubert-Dubayet			S^{ce} du 27 fév. 1903.
Étude sur le fort Barraux et la défense du Dauphiné, 1814			— 22 janv. 1904.
Fort-Barraux en 1814 et 1815	XIX.	95	— 10 fév. 1905.
Les gardes d'honneur à Grenoble en 1811 et à Vienne en 1807	XIX.	237	— 22 déc. 1905.
Les compagnies d'invalides détachées en Dauphiné et leur inspection en 1764			— 9 nov. 1906.

K

Kirwan (de), *m. a.*, ancien inspecteur des Forêts :

Étude sur l'ordre humain et l'ordre naturel.			— 15 juin 1888.
Connaître et penser ou le Sens et l'Esprit.	XII.	78	— 20 mai 1898.
Naissance et développement de l'astronomie chez les Grecs	XIV.	207	— 15 juin 1900.
Dom Robert Desgabets, disciple peu connu de Descartes	XVIII.	378	— 18 nov. 1904.

L

La Brosse (de). *m. t.*, ingénieur en chef des Ponts et Chaussées :

Discours de réception : Notion générale de l'énergie	XIX.	17	— 5 déc. 1905.

Lagier (A.), *m. a.*, curé de Saint-Antoine :

Lettre de Lesdiguières à Mme de Saint-André, 29 avril 1590	I.	446	
Notice sur la Chartreuse de la Sylve-Bénite.	II.	215	— 18 fév. 1887.
Ce que coûtait, en 1577, un voyage de Grenoble à Vienne	III.	563	
Étude historique sur les mandements de Virieu, Châbons, Montrevel et du Passage	IV.	299	— 5 déc. 1890.

Latreille, *m. a.*, professeur au Lycée Ampère, Lyon :

Pierre de Boissat 1603-1662 et le mouvement littéraire en Dauphiné au XVIIe siècle.	XIII.	345	— 29 déc. 1899.

Leusse (Cte de), *m. a.* :

Communication d'un article sur l'arrière-ban en Dauphiné en général et sur le rôle de l'arrière-ban de 1640			— 25 nov. 1892.

M

TOMES PAGES Extrait des procès-verbaux

Macé de Lépinay, *m. t.,* doyen honoraire
de la Faculté des Lettres :
Un épisode de l'histoire de la Révolution
dans la commune de Thodure........... III. 469 S⁰⁰ du 1ᵉʳ juin 1888.

Maignien (Edmond), *m. t.,* conservateur
de la Bibliothèque municipale :
Registre contenant quelques actes d'abju-
ration du protestantisme, 1572-1585...... IV. 510

Martin (l'abbé), *m. t.,* directeur de l'Exter-
nat Notre-Dame :
Discours de réception : Éloge du Dʳ J. La
Bonnardière, La Tour-du-Pin, 1789-1793. VII. 425 — 21 avril 1893.

Masse, *m. t.,* avocat à la Cour d'appel :
Discours de réception : Histoire des Tri-
bunaux de Grenoble, 1790-1795.......... I. 38 — 17 déc. 1886.
Histoire de l'annexion de la Savoie à la
France en 1792....................... IV. 399
Lecture du 3ᵉ chapitre de l'Histoire de l'an-
nexion de la Savoie à la France en 1792.. — 13 fév. 1891.
Lecture du 4ᵉ chapitre de l'Histoire de l'an-
nexion de la Savoie à la France en 1792.. — 20 mars 1891.
Lecture d'un nouveau chapitre de l'Histoire
de l'annexion de la Savoie à la France
en 1792 .... VI. 129 — 1ᵉʳ juillet 1892.
Lecture d'un chapitre de la 3ᵉ partie de
l'Histoire de l'annexion de la Savoie à la
France en 1792...................... VIII. 229 — 9 mars 1894.
Lecture de la 4ᵉ et dernière partie de l'His-
toire de l'annexion de la Savoie à la
France en 1792...................... XX. 13 — 2 mars 1906.

Merceron-Vicat, *m. t.,* ingénieur :
Discours de réception : Éloge du Pʳ Petit.
La question ouvrière................... IV. 54 — 24 janv. 1890.

Michoud, *m. t.,* professeur à la Faculté
de Droit :
Discours de réception : Les théories sociales
et politiques de Mably.................. XV. 89 — 13 déc. 1901.
Lettres inédites de Berlioz à son ami Tho-
mas Gounet........................... XVII. 91 — 15 mai 1903.
Économie générale du projet de loi sur la
Houille Blanche .... XVIII. 10 — 26 fév. 1904.
Allocution du Président................. XIX. 1 — 10 janv. 1905.
Réponse au discours de réception de M. Pico-
let d'Hermillon....................... XIX. 84 — 24 nov. 1905.
Réponse au discours de réception de M. de
La Brosse .... XIX. 39 — 5 déc. 1905.

	TOMES	PAGES	Extrait des procès-verbaux
Fait part du décès de M. l'abbé Ginon, curé de Saint-Joseph	XIX.	XLI	S^{ce} du 22 déc. 1905.
Milliat (l'abbé), *m. a.*, curé de Cusset (Rhône) :			
Pétrarque et les Chartreux	XIX.	195	— 24 fév. 1905.
Miribel (Cte de) (Ludovic), *m, t.*, ancien officier d'infanterie :			
Discours de réception : La Mistralie de Voiron	XI.	81	— 26 nov. 1897.
Monographie de la famille de Lamorte-Laval	XVI.	73	— 7 mars 1902.
Souvenirs d'Exilles	XVII.	182	— 13 fév. 1903.
Allocution du Président	XVIII.	1	— 22 janv. 1904.
Réponse au discours de réception de M. Dubarle	XVIII.	171	— 22 avril 1904.
Proclamation des résultats du deuxième concours Pallias	XVIII.	401	— —
Fait part de la mort de M. Fernel			2 déc. 1904.
Réponse au discours de réception du commandant Vallernaud	XVIII.	205	— —
Réponse au discours de réception de M. A. Silvy	XVIII.	256	— 16 déc. 1904.
Iconographie dauphinoise satirique, 170. à 1820			— 12 janv. 1906.
id. 1830.			— 21 déc. 1906.
Monavon (Gabriel), *m. t.*, juge de paix :			
Etude sur le sentiment de la Nature considéré comme élément littéraire	II.	399	— 30 déc. 1887.
Morillot (Paul), *m. t.*, professeur à la Faculté des Lettres :			
Discours de réception : Un bel esprit de province au XVIIe siècle. René le Pays...	III.	311	— 27 déc. 1889.
A propos d'un livre récent publié par M. Latreille : La fin du théâtre romantique et François Ponsard			— 6 avril 1900.
Allocution du Président	XV.	1	— 18 janv. 1901.
Résultats et proclamation des lauréats du premier concours Pallias	XV.	XXV	— —
Éloge de M. le chanoine Auvergne, récemment décédé			— 31 mai 1901.
Réponse au discours de réception de M. le capitaine Gentil	XV.	51	— 14 juin 1901.
Allocution du Président à l'occasion de la nouvelle installation de l'Académie	XV.	299	— 29 nov. 1901.
Éloge de MM. Valson et Berruyer, récemment décédés			— 13 déc. 1901.
Réponse au discours de réception de M. Michoud	XV.	148	— —
Compte rendu d'un livre récent de M. Arthur Chuquet : Stendhal-Beyle	XVI.	146	— 22 mars 1902.

TOMES PAGES Extrait des procès-verbaux

Compte rendu d'un livre récemment publié
  sur Émile Trolliet.....................   S^{ce} du 10 fév. 1905.

N

Nicolet (Victor), *m. t.*, négociant :
Discours de réception : Éloge de M. Félix
  du Boÿs. Lamartine et les Alpes........ VIII.   65   —   4 juillet 1894.
Voyage à Malte......................... IX.   81   —   31 mai 1895.
Allocution du Président.................. XVI.   1   —   31 janv. 1902.
Réponse au discours de réception de M. Jus-
  ter..................................... XVI.   65   —   —

P

Perier (E.), *m. a.*, juge de paix :
Quelques observations au sujet des travaux
  récemment effectués dans l'église de Saint-
  André .... II.   484   —   10 juin 1887.
Notice sur Saint-Martin-d'Hère .... VIII.   209   —   21 déc. 1894.
Perreau (Joseph), *m. t.*, capitaine aux
  chasseurs :
Discours de réception : Éloge de M. Macé
  de Lépinay. Variations de la frontière
  des Alpes............................. VII.   475   —   26 mai 1893.
L'armée de la première République sur la
  frontière des Alpes .... XV.   71   —   31 mai 1901.
Perrin (l'abbé), *m. a.*, curé de Sainte-Ma-
  rie-d'Alloix :
Notice sur la condition des juifs du Pont-
  de-Beauvoisin au moyen âge............ II.   425   —   30 nov. 1888.
Perrossier (le chanoine), *m. a.*, archi-
  viste diocésain de Valence :
Mémoire sur : Le voyage d'Italie tant par
  mer que par terre... par le sieur Barbier
  de Mercurol. A Paris, chez Jean du Bray,
  1671 ....   —   1er juillet 1892.
Petit (l'abbé), *m. a.*, curé de Bourgoin :
Notice sur l'abbaye de Saint-Antoine et
  les Antonins......................... X.   63
Picolet d'Hermillon, *m. t.*, avocat :
Discours de réception : Éloge de M. Casi-
  mir Royer. — Fondation du diocèse de
  Chambéry............................ XIX.   51   —   24 nov. 1905.
Penjon, professeur à l'Université de Lille :
Notice sur un portrait de Mme de Maintenon
  découvert à Aoste.....................   —   7 mars 1902.

	TOMES	PAGES	Extrait des procès-verbaux
Piollet (Albert), *m. t.*, substitut du procureur général :			
Discours de réception : Table alphabétique des discours et mémoires insérés dans le bulletin de l'Académie depuis son origine jusqu'en 1886	II.	409	S⁰⁰ du 21 déc. 1888.
Pion, *m. t.*, conseiller à la Cour d'appel :			
Lecture d'un chapitre d'un ouvrage en préparation sur la Philosophie de l'expression.			— 22 mars 1890.
Prompt, *m. a.*, docteur en médecine :			
Quelques observations sur un manuscrit de la bibliothèque de la ville de Grenoble « De Vulgari Eloquio »			— 12 fév. 1892.
Traduction d'un conte fantastique de Petersen : Le Violoncelle et la Cymbale			— 27 mai 1892.
Étude critique sur les œuvres latines apocryphes du Dante	VI.	451	— 9 déc. 1892.
Nouvelle observation sur le traité : « De Vulgari Eloquio » du Dante			— 3 mars 1893.
Un nouveau document sur Boileau			— 2 fév. 1894.
Prudhomme (Auguste), *m. t.*, archiviste de l'Isère :			
Un épisode inconnu de la vie du Baron des Adrets	I.	210	— 19 mars 1886.
Les armes de la ville de Grenoble	I.	439	
Les verriers de Genève, 1458 : Evrard Soudruguel et Claude Violèse	I.	445	
Lettre du Général Donnadieu au Marquis Planelli de Maubec	I.	447	
Communication de divers documents relatifs aux démêlés de l'évêque de Grenoble, Etienne Le Camus, avec l'abbé Alphonse de Simiane, 1682			— 4 mars 1887.
Lecture d'un chapitre de l'Histoire de Grenoble (en cours d'impression)			— 27 janv. 1888.
La bannière et le sceau du Vicariat impérial, 1378	II.	433	
Les armoiries anciennes de la ville de Voiron	II.	441	
Lettres du Dr Vidaud de La Tour relatives au procès de la Dlle Bon et à la démission de Servan	II.	442	— 1er fév. 1889.
Recherches sur la place qu'occupait la tombe de Bayard. Le corps transféré à Saint-André est-il celui de Bayard ?	III.	535	
La fonction du maître des œuvres du Dauphiné	III.	562	
Résultat de ses recherches sur la place qu'occupait la tombe de Bayard et sur l'authenticité du corps transféré en 1822.			— 7 mars 1890.

	TOMES	PAGES	Extrait des procès-verbaux
Note sur l'érection de la statue de Bayard.	IV.	537	S^{ce} du 27 fév. 1891.
Lettres inédites du cardinal Mazarin......	V.	739	
Documents pour servir à l'histoire de l'église de Saint-Antoine en Viennois..........	V.	745	
Quelques lettres inédites du C^{al} Mazarin..			— 1er avril 1892.
Fragments d'études sur l'assistance publique à Grenoble avant la Révolution.....	VI.	503	— 11 nov. 1892.
Nouveau récit de la Journée des Tuiles, d'après les mémoires inédits du chevalier de Mautort, capitaine au régiment d'Austrasie..................................	VI.	548	— 9 déc. 1892.
Lecture de trois chapitres de ses études historiques sur l'assistance publique à Grenoble avant la Révolution..........			— 3 mars 1893.
Mémoire sur l'origine et le sens des mots : Dauphin et Dauphiné.....·............	XIV.	248	— 21 avril 1893.
Compte rendu de l'Histoire du Connétable de Lesdiguières, par M. Dufayard.......			— 27 avril 1894.
Lettre de Jeanne de Bayard à M. de Maugiron......................	VIII.	529	
id. du Baron des Adrets à M. de Maugiron......................	VIII.	531	
id. de Diane de Poitiers à M. de Maugiron......................	VIII.	532	
Quittance de Jacques Langlois, tapissier à Paris, à Maugiron....................	VIII.	533	
Lettre du dauphin Humbert II à l'empereur Louis de Bavière en faveur des Dominicains	VIII.	534	
Quittances de Hache fils, ébéniste de Grenoble.....	VIII.	536	
Un chapitre des études historiques sur l'assistance publique à Grenoble avant la Révolution...........................	IX.	123	— 10 mai 1895.
id.	IX.	142	— 31 mai 1895.
id.			— 14 fév. 1896.
Organisation du service sanitaire à Grenoble aux XVIe et XVIIe siècles en temps de peste............................			— 24 avril 1896.
L'élection des députés de l'Isère à la Convention nationale	X.	483	— 9 avril 1897.
Études historiques sur l'assistance publique à Grenoble avant la Révolution.........	XI.	174	— 12 nov. 1897.
Compte rendu d'une récente publication de M. E. Jovy relative au séjour de Jean-Jacques Rousseau à Grenoble en 1768...			— 29 juillet 1898.
Lecture d'un chapitre d'une étude en cours d'impression sur les Archives de l'Isère, 1790-1799			— 26 mai 1899.

	TOMES	PAGES	Extrait des procès-verbaux
Compte rendu de l'excursion archéologique à Crémieu et Saint-Chef...............	XIV.	287	Sce du 30 juillet 1900.
Lecture d'une étude sur l'enseignement secondaire à Grenoble avant la création du collège des Dominicains.................	XIV.	93	— 9 nov. 1900.
Fragments de lettres inédites du Mis Alexis de Costa sur les événements de 1788 à 1892.	XV.	209	— 1er mars 1991.
Pillage de la vallée de Château-Dauphin, novembre 1690...................	XV.	347	
Nomination d'un inspecteur des lépreux en 1370.............................	XV.	352	
Excursion archéologique à Annecy, Menthon et Talloires....................	XVI.	476	
Compte rendu de l'Histoire de l'église abbatiale de Saint-Antoine par Dom Dijon et du Dictionnaire de la Drôme de Brun-Durand............................			— 27 fév. 1903.
Note sur le passage de Molière à Grenoble, 1652-1658	XVII.	135	— 19 juin 1903.
Note biographique sur Mme de Tencin.....	XVIII.	296	— 25 mars 1904.
Note relative à la Sapho de Chinard.......			— 22 juillet 1904
Lecture, d'après un article de la Revue des Études historiques, de quelques lettres inédites d'un avocat grenoblois, Ch.-J. Bernard, sur le procès et la mort de Louis XVI............................			— 17 mars 1905.
Lecture d'une chanson humoristique sur le projet d'érection d'une statue à Stendhal.			— 6 avril 1906.
Lecture d'une étude historique sur le mouvement politique provoqué dans le département de l'Isère par la révolution des 31 mai, 1er et 2 juin 1793			— 9 nov. 1906.

R

Rey, in. l., inspecteur d'Académie :
Extrait d'un mémoire sur la défense militaire et le régime douanier des Alpes Cottiennes sous les Romains............			— 17 fév. 1893.
Introduction d'une étude sur Étienne Bouchu			— 2 fév. 1894.
Un chapitre de l'Histoire d'Étienne Bouchu.	IX.	351	— 22 mai 1895.
Transformation des noms propres gaulois dans les Alpes Cottiennes durant la domination romaine........................			— 27 déc. 1895.
Compte rendu d'une étude sur les Allobroges, par M. Garofolo, professeur de l'Université de Catane...................			— 24 janv. 1896.
Éloge de M. Fialon, récemment décédé....			— 13 mars 1896.

	TOMES	PAGES	Extrait des procès-verbaux
Étude sur l'Intendant Bouchu..............			S du 13 mars 1896.
Lecture des deux derniers chapitres de l'étude sur l'Intendant Bouchu.........			— 29 mai 1896.
Allocution du Président..................	XI.	1	— 29 janv. 1897.
Fragment d'un chapitre de l'Histoire du royaume de Cottius, de César à Dioclétien	XI.	237	— 9 avril 1897.
Réponse au discours de réception du général Faure-Biguet.....................	XI.	35	— 28 mai 1897.
Réponse au discours de réception de M. Paulin Vial.......................	XI.	70	— 23 juillet 1897.
Éloge du Dr Chapuy, récemment décédé...			— 12 nov. 1897.
Réponse au discours de réception du Comte de Miribel............................	XI.	112	— 26 nov. 1897.
Réponse au discours de réception de M. Chabert...........................	XI.	144	— 30 déc. 1897.
Fragment de chapitre sur la politique de Louis XI en Dauphiné...............	XII.	187	— 11 mars 1898.
Suite de l'étude ci-dessus..............			— 1er avril 1898.
Reymond (Marcel), *m. t.*, avocat :			
Lecture d'une notice biographique sur le peintre Achard	I.	240	— 2 avril 1886.
Projet de modification du règlement de l'Académie...............................			— 18 fév. 1887.
Les portraits gravés de la bibliothèque de Grenoble	II.	307	— —
Lecture de quelques pages inédites de son livre sur le Musée de Lyon.............			— 6 mai 1887.
Présentation d'une notice archéologique sur le Palais de Justice de Grenoble			— 1er fév. 1889.
Étude critique sur le style de Donatello et classification de ses œuvres............			— 5 juillet 1889.
Acquisition d'un tableau de Pater par le Musée de Grenoble	III.	568	— 7 fév. 1890.
Note sur deux têtes d'étude de Rubens et de Van Dick appartenant au Musée de Grenoble	IV.	533	— 21 nov. 1890.
Lecture d'une étude sur l'influence néfaste de la Renaissance			— —
Note sur André Solario.................	IV.	534	— 20 mars 1891.
Note sur la statue récemment découverte à Subiaco			— 5 juin 1891.
Étude sur Cesare de la Cesto............			— 18 déc. 1891.
Communication sur le prétendu César Borgia de Raphaël, de la galerie Borghèse.			— 27 mai 1892.
Discours prononcé aux funérailles de M. l'abbé Guétal.....................	VI.	509	
Lecture de quelques extraits d'une étude sur la sculpture florentine au XIVe siècle.			— 3 fév. 1893.
Allocution du Président..................	VIII.	1	— 19 janv. 1894.

	TOMES	PAGES	Extrait des procès-verbaux
Etude sur la crypte de Saint-Laurent......			Sce du 16 fév. 1894.
Éloge de MM. Champollion-Figeac et Auguste Ducoin, récemment décédés.......			— 27 avril 1894.
Etude sur le buste de Charles VIII de Florence et le tombeau de ses enfants de la cathédrale de Tours			— 27 avril 1894.
Allocution au sujet de l'assassinat de M. Carnot, président de la République			— 29 juin 1894.
Compte rendu de la visite faite à Vienne par l'Académie Delphinale.............			— 4 juillet 1894.
Réponse au discours de réception de M. Victor Nicolet	VIII.	147	— —
Exposé des accroissements du Musée de Grenoble, depuis 1890................	VIII.	191	— 24 déc. 1894.
Caractère italien de la façade de Saint-Antoine et sculptures de Lemoiturier....	X.	77	
Classement chronologique des œuvres de Luca del Robbia..................			— 12 fév. 1897.
Communication au sujet des ferrures de la porte de l'église d'Herbeys, des cloches de Montaud et de Noyarey et de quatre chapiteaux de l'église de Noyarey attribués au XIe siècle.................			— 12 mars 1897.
Vie et œuvres de Donatello...............			— 12 nov. 1897.
Signale les chapiteaux de l'église de Seyssins comme pouvant être classés au Xe siècle.			— 14 janv. 1898.
Suite des chapiteaux de Seyssins.........			— 25 fév. 1898.
Sculptures italiennes qui, depuis quelques années, ont enrichi les Musées du Louvre et de Cluny....................			— 3 juin 1898.
Expose l'organisation du Comité des Étudiants étrangers			— 30 déc. 1898.
Communication sur la sculpture florentine pendant la deuxième moitié du XVe siècle.			— 10 fév. 1899.
Communication sur la Cantoria de Luca del Robbia..........			— 9 fév. 1900.
Communication sur les œuvres de Michel-Ange......................			— 21 déc. 1900.
Entretien sur les œuvres de Bernin.......			— 1er fév. 1901.
Compte rendu du concours ouvert pour la construction de la façade de l'église Saint-Laurent, à Florence...............			— 10 mai 1891.
Communication sur l'autel majeur du dôme de Modène			— 21 fév. 1902.
Compte rendu du livre du général de Beylié sur l'habitation byzantine..			— 23 janv. 1903.
Etude, d'après la cathédrale de Florence, des caractères qui distinguent le gothique italien du gothique français.............			— 13 fév. 1903.

TOMES PAGES Extrait des procès-verbaux

Communication sur les sculptures du VIIᵉ siècle conservées au Musée Saint-Pierre de Vienne .... · Sce du 5 fév. 1904.

Réponse à M. Gonse qui, dans le tome II des Musées de France, a classé le casque de Vézeronce parmi les œuvres du Xᵉ ou du XIᵉ siècle .... — 24 fév. 1905.

Entretien sur Verrochio, peintre et sculpteur florentin, 1435-1488 .... — 14 avril 1905.

Notes de voyages sur le Palais ducal de Saint-Marc de Venise .... — 16 fév. 1906.

Rivière (Maurice), m. a. :

Scène pastorale : La chanson du berger, extraite du « Riou pouetsicou ». Poème patois en dialecte de St-Maurice-l'Exil.. IX. 473 — 29 nov. 1895.

Rochas (Adolphe) :

Lecture de quelques extraits du journal d'un bourgeois de Valence pendant la Révolution (œuvre posthume) .... — fév. 1890.

Rochas d'Aiglun (de), m. t., lieutenant-colonel du génie en retraite :

Un mémoire inédit de Vauban .... X. 477

État actuel de la Science psychique .... XVIII. 359 — 18 nov. 1904.

Explications sur la nature des phénomènes d'apparitions fantomales .... — 31 mars 1905.

Étude biographique et bibliographique sur les : Lettres portugaises .... — 11 janv. 1907.

Roman (Joseph), m. a., correspondant du Ministère de l'Instruction publique :

Courtes notes rectifiant ou complétant le Gallia Christiana, l'Histoire de Lesdiguières, de Videl, et l'Histoire du Dauphiné, de Chorier .... — 2 avril 1886.

Jetons banaux du Dauphiné .... I. 393

Voyage d'un légat du Pape à travers le Dauphiné .... I. 441

Lettre d'un prisonnier dans la Tour-Brune d'Embrun. .... II. 433

Adresse des Dames de Grenoble à celles de Valence .... III. 565

Notice descriptive sur les jetons des Dauphins et des Dauphines .... IV. 133 — 21 fév. 1890.

Revenus de la noblesse du Gapençais au XVIIIᵉ siècle .... IV. 530

Mémoire sur les dernières années de Marie Vignon .... VI. 403 — 27 mai 1892.

Jetons du Dauphiné .... VII. 603

Valeur historique des mémoires de Pontis (1582-1651) .... VIII. 152 — 16 nov. 1894.

	TOMES	PAGES	Extrait des procès-verbaux
Impressions de Ravenne...............	XII.	42	S^{ce} du 18 nov. 1898.
Etude historique sur Arnaud de Trians, vicomte de Tallard	XV.	245	— 28 déc. 1901.
Royer (Casimir). *m. t.*, avocat à la Cour d'appel :			
Discours de réception : Les avocats consistoriaux au Parlement de Grenoble....	VI.	423	— 1er avril 1892.

S

Silvy (Albert), *m. t.*, artiste peintre :			
Étude sur l'art du paysage pendant la première moitié du XIXe siècle, à propos de l'œuvre de Guétal.......................	XVII.	213	— 19 juin 1903.
Discours de réception : Un peintre provincial : l'abbé Guétal....................	XVIII.	249	— 16 déc. 1904.
Silvy (Edouard), *m. t.*, greffier du Tribunal de commerce :			
Discours de réception : Éloge de M. Accarias. La Saint-Barthélemy à Grenoble...	XIV.	32	— 9 mars 1900.
Le Dr Guillaume-Marie-André Ferrus.....	XVIII.	315	— 22 juillet 1904.
Silvy (Gabriel), *m. t.*, greffier du Tribunal de commerce :			
Discours de réception : La juridiction consulaire en France.......................	XIV.	141	— 30 juillet 1900.
Stryienski (Casimir). *m. t.*, professeur au Lycée de Grenoble :			
Discours de réception : Henri Gagnon	III.	127	— 15 mars 1889.
Étude sur Stendhal et les salons de la Restauration, dont les éléments sont empruntés au manuscrit de Beyle intitulé : Souvenirs d'Egotisme.......................			— 2 mai 1890.

T

Terrebasse (Humbert de), *m. a.* :			
Le projet de l'Histoire de Dauphiné de Nicolas Chorier....................	VII.	673	— 16 fév. 1894.
Thomas (Baron), *m. t.*, général de brigade :			
Discours de réception : Éloge de M. M. Villars. Grenoble à travers les âges........	VII.	513	— 29 déc. 1893.

V

Vachez :			
Honoré Pallias : Notice extraite des Mémoires de la Société Littéraire de Lyon.			— 5 fév. 1904.

	TOMES	PAGES	Extrait des procès-verbaux
Vellein (G.), *m. t.*, avocat :			
Le Marquisat de Maubec au XVIIe siècle... XI.		487	
Titres de fondation du couvent de Paternos. XI.		516	
Vallernaud, *m. t.*, commandant du génie :			
Discours de réception : Vauban, créateur			
et premier organisateur de nos frontières. XVIII.		185	S^{ce} du 2 déc. 1904.
Conférence sur l'origine de Grenoble et les			
causes de sa prospérité................			— 2 mars 1906.
Vellot (Alfred), *m. t.*, avocat :			
Discours de réception : Dorothée de Jouf-			
froy, 1751-1832 .... I.		135	— 21 janv. 1887.
Vernisy (Albert de), *m. t.* :			
Discours de réception : Parizet .... XIII.		109	— 8 déc. 1899.
Note relative à la date des tombes antiques			
découvertes à Seyssins			— 29 mars 1901.
Vial (Paulin), *m. t.*, ancien capitaine de			
vaisseau :			
Discours de réception : Éloge du général			
Baron Thomas. Le Rêve et l'Action...... XI.		52	— 12 nov. 1897.

NOMENCLATURE

PAR VOLUME

DES FEUILLES HORS TEXTE NON PAGINÉES

Fac-similé d'une lettre du Baron des Adrets .... — Tome I. — Après la page 238

Portrait du peintre Achard .... — Tome I. — — 240

Fac-similé d'un dessin à la plume d'Achard — — 256

id. — — 264

Plan cavalier de la Chartreuse de Sylve-Bénite .... — II. — — 214

Plan de Grenoble de 1815 à 1887, dressé par J. Boiton .... — — 496

Note rectificative .... — III. — — 108

Portrait de Henri Gagnon .... — — 126

Éperon du XIVᵉ siècle trouvé à Mont Saint-Eynard .... — — 560

Trésor de Sainte-Blandine (3 planches) ... — IV. — — 290

Statue de Bayard de la place St-André .. — — 536

Carte linguistique du Dauphiné septentrional (carte et légende) .... — V. — — 616

Portrait de M. Chaper gravé par Champollion .... — VI. — — XXXIX

— de Marie Vignon. L. Dardel. sculp .... — — 401

— de l'abbé Guétal .... — — 480

Grand glacier dauphinois (époque glaciaire) .... — VII. — — 518

Gratianopolis en l'an 380 après J.-C. .... — — 522

Vue fantaisiste de Cularo .... — — 524

Le lac du Bourg-d'Oisans en 1219 .... — — 528

Grenoble de 1591 à 1626 .... — — 530

Les égouts de Grenoble en 1893 .... — — 534

Le trésor de Tourdan (4 pl. et un errata).   Tome VIII.   Après la page   64
Portrait de M. Hyacinthe Gariel (1889)....   — IX.   —   14
Position géographique de la ville de }
  Gravisca............................... }
Façade de l'église de Saint-Antoine..... }   — X.   —   32
Portrait de M. Honoré Pallias.......... }   —   42
                                                             —   88
Carte de la Province cottienne au IIᵉ siècle }
  avant notre ère .... }
Tracé de la voie de Cottius .... }   — XI.   —   486
Frontière de la Province à l'époque ro- }
  maine................................ }
Au sommet. Statuette du sculpteur géne-
  vois Georges Hantz...................   — XII.   —   XXXIX
Cheminée placée par Mgr d'Yze dans sa
  maison de Seyssins...................   —   108

Vues de Provence en 8 feuilles {
  Tour des remparts d'Arles.
  Entrée de la ville........
  Le porche de l'église de St-
    Gilles   (côté gauche).
        id.   (côté droit).
  L'allée des Alyscamps .....
  Un coin des Alyscamps.....
  La chapelle Saint-Honorat
    aux Alyscamps ....
  Porte de la chapelle Saint-
    Honorat ....
  Le théâtre d'Arles (entrée) ..
        id.   (intérieur)
  Façade de Saint-Trophime.
  Côté du cloître de Saint-
    Trophime................
  Pilier du cloître de Saint-
    Trophime................   — XIII.   —   530
  Cloître de Saint-Trophime.
  La sortie de la grand'messe
    à Saint-Trophime........
  La sortie de la procession
    aux Saintes.............
  Procession aux Saintes....
  L'église des Saintes........
  Sur la plage des Saintes ..
  L'abbaye de Montmajour..
  Le donjon de Montmajour..
  Le cloître de Montmajour..
  L'église Ste-Croix à Mont-
    majour ....
  Les antiques de St-Rémy..
  Le tombeau romain de Saint-
    Rémy....................
  A Saint-Rémy sur le cours. }
}

Vues de Provence en 8 feuilles
- Les Baux (vue d'ensemble)..
- id. (ruines du château)
- Le portail de l'église des Baux...................... Tome XIII. — Après la page 530

L'église de Saint-Chef.................... — XIV. — 286

Portrait de Mably d'après la gravure de Vinsac...................... — XV. — 88

Portrait de François de Bourbon, d'après une gravure anonyme...... — 76

id. de Charles de Bourbon, d'après une gravure de Thomas de Leu...................... — 78

id. de Lesdiguières, d'après une gravure de Mathieu Greuter... — 80

id. de Charles de Créquy, d'après une gravure de Michel Lasne et Isaac Briot............. — 90

id. de A. du Puy St-André Montbrun, d'après une gravure de Masson...................... — 96

id. de François de Créquy, d'après une gravure de Nanteuil... — XVI. — 100

id. de l'intendant de Fontanieu, d'après une gravure de Longueil...................... — 112

Caricature hollandaise sur l'échec de La Feuillade devant Turin................ — 106

Généalogie des La Morte-Laval........ — 116
Parenté et alliances des Lamorte-Laval.

Carte de Dauphiné de Bouguereau, 1593. Avant la page 117

Extrait de la carte de Dauphiné de Tassin, 1637............ Après la page 132

Corrections et additions (Aspres-sur-Buëch)...................... — 472

Acte de baptême signé par Molière...... — 130

Val de Pragellase.................... — 192

Ex-libris de Mgr d'Yze, archevêque de Vienne.................... — 212

Généalogie de la famille d'Yze.......... Avant la page 213

Vue de l'île de la Galite en une feuille double
- Mazella, le plus riche indigène......................
- Pêcheurs de passage ramassant leurs filets.......... — XVII. Après la page 248
- Une source et une hutte de pêcheurs sur les bords de la mer......................
- Entrée d'une grotte servant de logement............

Église de Léoncel......................
Christ de Léoncel.................... — 256
Façade de l'église de Léoncel............

une feuille	Tarascon. Le château du roi René.............. Nîmes. Les arènes		Après la page	410
une feuille	Aigues-Mortes. Porte d'entrée.................... Remparts d'Aigues-Mortes.	Tome XVIII.	—	426
une feuille	La tour de Constance...... En bateau sur la grande roubine		—	428
Garde d'honneur de Grenoble (1811). Lieutenant Buequoy, 1906. Berger-Levrault et Cie, sc		— XIX.	—	252
Ruines du château de Bressieux........			—	312
Église de Marnans			—	320
Vue générale de Viviers................			—	450
La maison des chevaliers à Viviers......		— XX.	—	458
Château de Cruas.....................			—	470

ACADÉMIE DELPHINALE

1836-1886

COMPOSITION DU BUREAU

ANNÉE	Nombre des Séances	SÉRIE ET TOME	PRÉSIDENT	VICE-PRÉSIDENT	SECRÉTAIRE	TRÉSORIER	Archiviste bibliothécaire
1836	5		BERRIAT (Hugues).	COURNOT.	DUCOIN.	BLANC (A.).	
1837	10		COURNOT.	BILLEREY.	—	CHAPOT.	
1838	10		DALGISY.	COURNOT.	—	—	
1839	9		GAUTIER (A.).	Du BOISAYMÉ.	—	CROZET (F.).	
1840	10	1re Série — I	BERRIAT (H.).	GAUTIER (A.).	—	—	
1841	10		GAUTIER (A.).	BERRIAT (H.).	—	—	
1842	10		BERRIAT (H.).	GAUTIER (A.).	—	—	
1843	11		GAUTIER (A.).	BERRIAT (H.).	—	—	
1844	11		DU BOYS (A.).	GAUTIER (A.).	—	—	
1845	12		FAUCHÉ-PRUNELLE.	DU BOYS (A.).	—	—	
1846	11		DU BOYS (A.).	FAUCHÉ-PRUNELLE.	—	—	
1847	12	II	FAUCHÉ-PRUNELLE.	DU BOYS (A.).	—	—	
1848	10		DU BOYS (A.).	FAUCHÉ-PRUNELLE.	—	—	
1849	12		GAUTIER (A.).	DU BOYS A.	—	DE VENTAVON (C.).	
1850	15		FAUCHÉ-PRUNELLE.	GAUTIER (A.).	—	—	
1851		III				—	
1851 (16 mai)	19		DU BOYS (A..	GENEVEY.	—	—	
1851 (30 mai)		IV				—	
1852	15		GENEVEY.	DU BOYS (A..	RÉVILLOUD.	—	
1853	15		DU BOYS (A.).	FAUCHÉ-PRUNELLE.	RÉVILLOUD.	DE VENTAVON (C.).	
1854	12	1re Série — V	BURDET (V.).	DU BOYS (A.).	—	—	
1855	7		DU BOYS (A.).	MAIGNIEN.	—	—	
1856	11		MAIGNIEN.	DU BOYS (A.).	—	—	
1857	12		DU BOYS (A.).	GAUTIER (A.).	—	—	
1858	8	2e Série — I	QUET.	GAUTIER (L.).	—	—	
1859	11		GAUTIER (L.).	QUET.	—	MACÉ.	
1860	11		DU BOYS (A.).	GAUTIER (L.).	—	—	
1861	12		GAUTIER (L.).	DU BOYS A.	—	—	
1862	11	II	BLANCHET.	GAUTIER (L.).	—	—	
1863	11		GAUTIER (L.).	FAUCHÉ-PRUNELLE.	DU BOYS (A.).	—	
1864	11	III	DU BOYS (A.).	GAUTIER (L.).	TAULIER (J.).	—	
1865	15	3e Série — I	GAUTIER (L.).	DU BOYS (A.).	—	—	
1866	14	II	MAIGNIEN.	CHAPER (E.).	—	—	
1867	13	III	DU BOYS (A.).	GAUTIER (L.).	—	—	
1868	14	IV	GAUTIER (L.).	CHAPER (E.).	—	—	
1869	12	V	CHAPER (E.).	PETIT.	—	PAGÈS.	
1870	10	VI	BURDET.	CHAPER (E.).	—	—	
1871	9	VII	GAUTIER (L.).	BURDET.	—	—	
1872	14	VIII	MAIGNIEN.	GAUTIER (L.).	—	—	
1873	9	IX	GAUTIER (L.).	PETIT.	DUGIT.	—	
1874	11	X	PETIT.	GAUTIER (L.).	—	—	
1875	10	XI	GAUTIER (L.).	AUZIAS (Th.).	—	—	
1876	14	XII	VALSON.	BERGER.	—	—	
1877	12	XIII	PETIT.	CHABAUX.	—	—	
1878	12	XIV	GAUTIER (L.).	CHAPER.	—	—	
1879	13	XV	CHAPER.	FIALON.	—	—	
1880	16	XVI	FIALON.	AUZIAS (Th.).	FLORIAN-VALLENTIN.	—	
1881	13	XVII	AUZIAS (Th.).	CHABAUX.	TEISSEIRE.	—	
1882	12		CHABAUX.	GAUTIER (L.).	—	PIAGET.	
1883	8	XVIII	CHAPER.	TROUILLER.	PRUDHOMME.	—	
1884	13	XIX	TROUILLER.	VILLARS.	—	—	
1885	12	XX	VILLARS.	CHAPER.	—	—	MAIGNIEN.

ACADÉMIE DELPHINALE

LISTE PAR ORDRE D'INSCRIPTION DES MEMBRES TITULAIRES

depuis la réorganisation de 1836 jusqu'au 1er janvier 1886

NOMS des MEMBRES TITULAIRES	DATE de la RÉCEPTION	DÉMISSION CHANGEMENT DE RÉSIDENCE DÉCÈS	NOTES
MICHAL, avocat.		Décédé.	La Société des Sciences et des Arts de Grenoble se reforme le 10 mai 1836 par les soins de MM. Berriat, maire de Grenoble, et Ducoin.
PLANTA, colonel en retraite		id.	
MAYCLERC, docteur en médecine.		id.	
SEVAN, docteur en chirurgie.		Retiré pour raison d'âge.	La première liste de ses membres titulaires est arrêtée au 1er janvier 1843.
ROLLAND, conseiller honoraire.		Décédé.	
BILLEREY, docteur en médecine.		id.	Les séances se tiennent dans les bâtiments de la bibliothèque publique.
TESSEIRE (Camille), ancien député.		Retiré pour raison d'âge.	
DUCHESNE, avocat.		Décédé 1854.	
DUCOIN (Amédée), bibliothécaire de la ville de Grenoble.		id. 1851.	

NOMS des MEMBRES TITULAIRES	DATE de la RÉCEPTION	DÉMISSION CHANGEMENT DE RÉSIDENCE DÉCÈS	NOTES
PELLENC, préfet de l'Isère.		Décédé 1847.	
BERRIAT (Hugues), ancien maire de Grenoble.	1836	Ne figure plus le 1er janvier 1856.	
DALIGNY, conseiller à la Cour.		Absent. Ne figure plus le 1er janvier 1846.	
DE BOISSIEUX, avocat général.		Absent. Ne figure plus le 1er janvier 1846.	
BLANCHET, avocat général.	1836	Décédé 1863.	
IMBERT-DESGRANGES, conseiller à la Cour.	1836	id. 1875.	
MALLEIN (Jules), professeur à la Faculté de Droit.	1836	id. 1866.	
GAUTIER (Auguste), doyen de la Faculté de Droit.	1836	id. 1880.	
GUEYMARD, professeur à la Faculté de Droit.		Démissionnaire 1838.	
BENOIT, avocat.		Absent. Ne figure plus le 1er janvier 1846	
DU BOYS (Albert), ancien magistrat	1836	Démissionnaire 1872. M. c.	
BERTIER, juge de paix.	1836	Décédé 1859.	
CROZET (Louis), ingénieur en chef.	1836	id. 1858.	
GUEYMARD (Émile), ingénieur en chef.		Démissionnaire 1838.	
GRAS (Scipion), ingénieur en chef.		id.	
PENIER (Eugène), secrétaire d'ambassade.		Absent. Ne figure plus le 1er janvier 1842.	

NOMS des MEMBRES TITULAIRES	DATE de la RÉCEPTION	DÉMISSION CHANGEMENT DE RÉSIDENCE DÉCÈS	NOTES
DE BOISAYME, ancien député.		Décédé avant 1843.	
CHABOT, inspecteur d'Académie.		Décédé. Ne figure plus le 1er janvier 1846.	
BRETON, doyen de la Faculté des Sciences.		Démissionnaire 1838.	
LEROY, docteur en médecine.	1836	Décédé 1867.	
ROLLAND, conservateur du Musée.		Démissionnaire 1838.	
SAPPEY, sculpteur.		id.	
DERELLE, peintre.		Absent. Ne figure plus le 1er janvier 1846.	
BARILLON, architecte de la ville.		Ne figure plus le 1er janvier 1846.	
BADON, propriétaire.		Décédé 1849.	
DE MIRIBEL (Artus), maire de Grenoble.		Ne figure plus le 1er janvier 1846.	
BLANC (Auguste), propriétaire.		Décédé. Ne figure plus le 1er janvier 1846.	
PILOT, historien.		Démissionnaire 1838.	

NOMS des MEMBRES TITULAIRES	DATE de la RÉCEPTION	DÉMISSION CHANGEMENT DE RÉSIDENCE DÉCÈS	NOTES
EYMARD (Silvain), docteur en médecine.		Démissionnaire 1838.	
BUELLE, payeur du département.		id.	
NICOLAS, président à la Cour.		id.	
PICOT, ingénieur des Ponts et Chaussées.		id.	
OLLIVIER Jules, juge au Tribunal civil.		Décédé. Ne figure plus le 1er janvier 1846.	
CROZET Félix, greffier à la Cour.		Démissionnaire 1849. Rentré 1867 et démissionnaire à nouveau 1875.	
BERIOT (Victor), professeur à la Faculté de Droit.	1837	Décédé 1875.	
TAULIER Frédéric, professeur à la Faculté de Droit.	1837	Démissionnaire 1851. M. c.	
FAVRE-PERNOLLET A..., conseiller à la Cour.	1838	Décédé 1864.	
TAULIER Jules, chef d'institution.	1838	id. 1888.	
AYZIAS Théodose, avocat.	1839	id. 1888.	
GARNIER, avocat général.	1839	Absent. Ne figure plus le 1er janvier 1846.	
DUPORT-LAVILLETTE, conseiller à la Cour.	1839	Décédé 1880.	
DE VENTAVON Mathieu, avocat.	1840	id. 1864.	
DE VENTAVON Casimir, avocat.	1840	id. 1879.	
BONNEFOUS Eugène, homme de lettres.	1840	Ne figure plus le 1er janvier 1846.	

NOMS des MEMBRES TITULAIRES	DATE de la RÉCEPTION	DÉMISSION CHANGEMENT DE RÉSIDENCE DÉCÈS	NOTES
FORQUES, professeur d'anglais.	1840	Absent. Ne figure plus le 1er janvier 1846.	
JOFFROI, docteur en médecine.	1840	Décédé 1858.	
DELACROIX, professeur de rhétorique.	1840	Ne figure plus le 1er janvier 1846.	
DUBOIN Auguste, avocat.	1840	Ne figure plus le 1er janvier 1846. M. c.	
DUPUIS (Vidal), homme de lettres.	1840	Décédé 1864.	
MAGNIEN, doyen de la Faculté des Lettres.	1840	id. 1881	
REY Joseph, conseiller à la Cour.	1840	Démissionnaire 1843.	
OLIVAINT, professeur d'histoire.	1840	Absent. Ne figure plus le 1er janvier 1846.	
NAVARD, procureur général	1840	A quitté Grenoble 1848. M. c.	
PATRU, professeur de philosophie.	1840	Décédé 1879.	
EYMARD-DUVERNAY, avocat.	1840	Démissionnaire 1851.	
CAMPMAS, docteur en médecine.	1840	Absent. Ne figure plus le 1er janvier 1846.	

NOMS des MEMBRES TITULAIRES	DATE de la RÉCEPTION	DÉMISSION CHANGEMENT DE RÉSIDENCE DÉCÈS	NOTES
VERNET, juge au Tribunal civil.	1840	Décédé 1856.	
MICHAL Louis, juge suppléant au Tribunal civil.	1840	id. 1888.	
DALMOESSIÈRE, avocat.	1840	id. 1856.	
CHARBONNEL-SALLE, avocat.	1840	id. 1871.	
DANTARD, avocat.	1840	Ne figure plus le 1er janvier 1850.	
ab. PINA Charles.		A quitté Grenoble 1846. M. c.	
ab. SAINT-MAURICE, propriétaire	1841	Décédé 1857.	
ab. LESNE, curé de Saint-André.	1841	id. 1871.	
QUINON, professeur à la Faculté de Droit	1841	Démissionnaire 1856. M. c.	
CHABERT, professeur de troisième.	1841	A quitté Grenoble 1844.	
GARIEL, Hyacinthe, bibliothécaire de la ville.	1841	Démissionnaire 1846. Réélu 1863. Discours de réception 1864. Décédé 1890.	
GIRARD, professeur d'histoire.	1841	Ne figure plus le 1er janvier 1846.	
GAUTIER fils, substitut du procureur du roi.	1842	A quitté Grenoble 1849.	
ROUSSELOT, professeur au Grand Séminaire.	1842	Décédé 1865.	
GUIMARD Gaston, avocat.	1842	A quitté Grenoble 1844. M. c.	
PILAT-LONGCHAMP-DUPRE, avocat.	1842	Décédé 1878.	

NOMS des MEMBRES TITULAIRES	DATE de la réception	DÉMISSION CHANGEMENT DE RÉSIDENCE DÉCÈS	NOTES
GAU, abbé.	1843	Démissionnaire 1844. M. c.	M. A. du Boys, président pour l'année 1844, propose à la Société de reprendre le nom primitif qui lui avait été donné par lettres patentes du mois de mars 1789. Le 7 juin, sur le rapport de M. de Miribel, maire de Grenoble, cette demande est favorablement accueillie. La première liste des membres titulaires de l'Académie delphinale, définitivement reconstituée, est datée du 1er janvier 1846.
MEGNIER.	1843	Ne figure plus le 1er janvier 1846	
REY J.-A., avocat.	1843	id.	
GENEVEY, curé de Saint-Louis.	1843	Décédé 1859.	
CUNIT, ingénieur des Ponts et Chaussées.	1844	id. 1856.	
CHAMBON, directeur du Petit Séminaire.	1844	id. 1884.	
BOUCHUT, professeur de mathématiques.	1844	A quitté Grenoble 1861. M. c.	
HERMENOIS, secrétaire d'Académie.	1844	id. 1851. M. c.	
DUNGLAS, inspecteur d'Académie.	1846	id. 1848. M. c.	
SISTERON, avocat.	1846	Décédé 1882.	
D'ANBERT Eugène, docteur en médecine.	1846	Démissionnaire 1869.	
DE GOURNAY, de la Commission scientifique de Morée.	1846	Ne fait plus partie de l'Académie en 1857.	

DENANTES, avocat.	1846	Décédé 1878.	
MARTIN, profes. au Collège royal de Grenoble.	1846	Ne figure plus au 1er janvier 1850.	
DE PINA Emmanuel.	1846	id.	
HUART, recteur de l'Académie.	1847	id.	
PARISOT, professeur à la Faculté des Lettres.	1849	A changé de résidence 1854.	
DARESTE, professeur à la Faculté des Lettres.	1849	Ne figure pas le 1er janvier 1850.	
RÉAL Jules, ancien préfet.	1850	A changé de résidence 1853. M. c.	
MACÉ, professeur à la Faculté des Lettres.	1850	Décédé 1891.	
SOUILLET, professeur de rhétorique.	1850	A changé de résidence 1852. M. c.	
RENOUCT, professeur d'histoire.	1850	A quitté Grenoble 1862. M. c.	
CHAPUYS-MONTLAVILLE, préfet de l'Isère.	1850	A changé de résidence 1852.	
MASSOT, procureur général.	1850	id.	
FISSONT, journaliste.	1850	Décédé 1871.	
VINCENT DE GOURNAS, recteur de l'Isère.	1851	A changé de résidence 1854.	
BERNOUT, professeur de philosophie.	1851	id. 1853.	
MACHEL DE ROCHEBELLE, homme de lettres.	1851	Décédé 1897.	

NOMS des MEMBRES TITULAIRES	DATE de la RÉCEPTION	DÉMISSION — CHANGEMENT DE RÉSIDENCE — DÉCÈS	NOTES
Roux, professeur à la Faculté des Lettres.	1853	Démissionnaire 1870.	
Lalande, censeur des études au Lycée.	1853	A changé de résidence 1858.	
Daysse Benjamin, Ingén' en chef des Ponts et Chaus.	1853	Démissionnaire 1858.	
C' de Montlynard Charles.	1854	Décédé 1870.	
Mgr Ginoulhiac, évêque de Grenoble.	1854	A quitté Grenoble 1871.	
Jay Émile, avocat.	1854	id. 1858.	
Hatzfeld, professeur à la Faculté des Lettres.	1854	A changé de résidence 1859.	
Philibert-Soupé, professeur de rhétorique.	1855	id. 1858. M. c.	
Pagès Adolphe, substitut du procureur général.	1856	Démissionnaire 1887.	
Beaussire, professeur de logique.	1856	A quitté Grenoble 1856.	
de Bournet-Laval, propriétaire.	1857	Décédé 1879.	
de Leffemberg, avocat général.	1857	A changé de résidence 1858.	
Deynez, professeur au Lycée.	1857	A changé de résidence 1858.	
Lacour Émile, avocat.	1857	id. 1860. M. c.	
de Tournece, propriétaire.	1857	A quitté Grenoble 1864. M. c.	
Bourbillon, abbé, directeur du Prytanée.	1857	id. 1864. M. c.	
Quet, recteur de l'Académie.	1857	id. 1864.	
Jalabert, professeur à l'École de Droit.	1858	id. 1863. M. c.	
Auvergne, chanoine.	1859	Démissionnaire 1870.	
Lesueur, inspecteur d'Académie.	1859	A quitté Grenoble 1861. M. c.	
Morellet, propriétaire.	1859	Démissionnaire 1871.	
de Saint-Aunéol (Fernand).	1860	Décédé 1870.	
Vallier Gustave, propriétaire.	1860	Démissionnaire 1858.	
Petit, président à la Cour.	1860	Décédé 1886.	
Truffier, abbé.	1861	A changé de résidence 1867. M. c.	
Huguenin, professeur à la Faculté des Lettres.	1861	A quitté Grenoble 1861.	
Couraud, professeur à la Faculté de Droit.	1862	A changé de résidence 1872. M. c	
Bonafous, premier président.	1862	A quitté Grenoble 1882.	

NOMS des MEMBRES TITULAIRES	DATE de la RÉCEPTION		DÉMISSION — CHANGEMENT DE RÉSIDENCE — DÉCÈS	NOTES
	DATE de l'élection	DATE du discours		
Rivier, vice-président du Tribunal civil.	1862		Décédé 1889.	L'Académie se réunit dans la salle du Conseil municipal.
Almeras-Latour, président de Chambre à la Cour.	1862		A quitté Grenoble 1862.	
Chaper Eugène, ancien capitaine du Génie.	1863		Décédé 1890.	
Dupont-Delcorte, propriétaire.	1863		Démissionnaire 1871.	
Mallein J. C., avocat.	1864	1864	Décédé 1880.	Par délibération du 4 décembre 1864 et sur la proposition de M. Gautier, président, l'Académie décide que tout membre titulaire nouvellement élu devra prononcer un discours de réception.
C.te de Galbert Oronce, propriétaire.	1864	1864	id. 1873.	
Albert Aristide, avocat.	1864	1865	Démissionnaire 1881.	
Caillemer Exupère, professeur à la Faculté de Droit.	1864	1864	A quitté Grenoble 1875.	
Bérenger, avocat général.	1864	1865	A changé de résidence 1867. M. c.	A partir du 13 janv. 1865, les séances de l'Académie se tiennent dans la salle de lecture de la bibliothèque publique.
Vertray Charles, chef d'escadron d'État-Major.	1865	1865	Décédé 1868.	

NOMS des MEMBRES TITULAIRES	DATE de l'élection	DATE du discours	DÉMISSION — CHANGEMENT DE RÉSIDENCE — DÉCÈS	NOTES
Lapaume, professeur à la Faculté des Lettres.	1865	1865	A changé de résidence 1869.	
Trouiller, professeur à la Faculté de Droit.	1866	1867	Décédé 1892.	
Servonnet, chanoine honoraire.	1866	1867	A quitté Grenoble 1870.	
Courtade, recteur de l'Académie.	1866		id. 1867.	
m. Boisset (Paulin), propriétaire.	1867	1868	Décédé 1900.	
M'Roë, avocat général.	1868		A changé de résidence 1872. M. c.	
Valson, professeur à la Faculté des Sciences.	1868	1868	Démissionnaire 1877. M. c.	
M. de Bérenger, propriétaire.	1869		Décédé 1875.	
Cotton, curé de Notre-Dame.	1869		A changé de résidence 1875.	
Monavon, juge de paix	1869	1870	Décédé 1906.	
Boistel, professeur à la Faculté de Droit.	1869	1870	A changé de résidence 1871.	
Yermoloff, général en retraite.	1870		Décédé 1870.	
de Rouvas d'Aigaux, capitaine du Génie.	1870	1872		
Piva, abbé, professeur au Grand Séminaire.	1871		id. 1879.	
Falcon, professeur à la Faculté des Lettres.	1871	1872	Démissionnaire 1881. M. c.	
Berger Émile, avocat général à la Cour.	1872	1872	A quitté Grenoble 1879.	

NOMS des MEMBRES TITULAIRES	DATE de l'élection	DATE du discours	DÉMISSION CHANGEMENT DE RÉSIDENCE DÉCÈS	NOTES
DELAVAL (Scipion), avocat général.	1872	1872	Démissionnaire 1877. M. c.	
Mgr PAULINIER, évêque de Grenoble.	1872		A quitté Grenoble 1875.	
CHAPUIS C., recteur de l'Académie.	1872		Démissionnaire 1877.	
DE GALBERT Alphonse, conseiller de Préfecture.	1872	1873		
DUGAT, professeur à la Faculté des Lettres.	1872	1872		
JEANNEL, professeur à la Faculté des Lettres.	1872	1873	A quitté Grenoble 1875.	
CHARAUX, professeur à la Faculté des Lettres.	1873	1874		Le 19 décembre 1873, l'Académie se réunit chez le président Gautier et en 1874 chez le président Petit. Le 27 novembre 1874, elle s'installe provisoirement dans l'ancienne école communale située rue de la Halle.
THEVENET, avocat.	1874	1878		
VILLARS, conseiller à la Cour d'appel.	1874	1875	Décédé 1892.	
GINON, supérieur du Rondeau.	1875	1876	id. 1905.	
TEISSEIRE, conseiller à la Cour d'appel.	1875	1880	Démissionnaire 1883.	
STAPFER, professeur à la Faculté des Lettres.	1876	1876	A quitté Grenoble 1883.	

NOMS des MEMBRES TITULAIRES	DATE de l'élection	DATE du discours	DÉMISSION CHANGEMENT DE RÉSIDENCE DÉCÈS	NOTES
GUIRIMAND, conseiller à la Cour d'appel.	1876	1876	Décédé 1890.	
DE LA BOISSIÈRE, docteur en médecine.	1876	1877	id. 1887.	
CHABRAND, docteur en médecine.	1876	1876	id. 1898.	
GOLETTY, conseiller à la Cour d'appel.	1876	1876	id. 1880.	
DU BOYS (Félix), substitut du procureur général.	1876		id. 1878.	
LORY, doyen de la Faculté des Sciences.	1876	1881	id. 1889.	
VIOLLE, professeur à la Faculté des Sciences.	1876		A quitté Grenoble 1879.	
PERIER Edmond, avoué.	1876	1877	Décédé 1895.	
GUÉRY, professeur à la Faculté de Droit.	1877		Démissionnaire 1885.	
DUTEN, agent voyer en chef.	1877		id. 1889.	
VALLENTIN Florian, juge suppléant au Tribunal.	1877	1878	A quitté Grenoble 1880. M. c.	
DE TAILLAS.	1878	1878	Ne figure plus au 1er janvier 1889.	
FERRAND Henri, avocat.	1878	1878		
ACCARIAS, conseiller à la Cour d'appel.	1878	1879	Décédé 1898.	Le 29 novembre 1878, installation dans un nouveau local, place Saint-André (le presbytère).
NICOLET Victor, négociant.	1879			
Cte D'AGOULT, propriétaire.	1879		Démissionnaire 1886.	

NOMS des MEMBRES TITULAIRES	DATE de l'élection	DATE du discours	DÉMISSION CHANGEMENT DE RÉSIDENCE DÉCÈS	NOTES
DE BEYLIÉ (Jules), juge-suppléant	1879			
MAGNIN (Edmond), sous-conservat. de la Bibliothèque	1879	1880		
BELLET, avocat général	1880	1882	A quitté Grenoble 1884.	
CHANTRE Baptiste, docteur en médecine	1880	1881	Décédé 1899.	
PRUDHOMME Auguste, archiviste de l'Isère	1880	1882		
PIAGET, conseiller à la Cour d'appel	1880	1881	id. 1888.	
DESPLAGNES, avocat	1880	1881	Démissionnaire 1887.	
PION, conseiller à la Cour d'appel	1880	1881	Décédé 1891.	
ROYER Casimir, avocat	1881		id. 1902.	
DUHAMEL, substitut du procureur général	1882			
REY, professeur d'histoire	1882	1882		
GALLET, professeur à la Faculté des Sciences	1882	1882	id. 1892.	

NOMS des MEMBRES TITULAIRES	DATE de l'élection	DATE du discours	DÉMISSION CHANGEMENT DE RÉSIDENCE DÉCÈS	NOTES
FOURNIER, professeur à la Faculté de Droit.	1882	1883		A partir du 1er janvier 1883, les séances se tiennent dans la salle de lecture de la Bibliothèque.
PIOLLET (Albert), substitut du procureur général.	1883	1888	A quitté Grenoble 1890.	
DE MARC (Félix), ancien receveur des Finances.	1883		Décédé 1884.	
TARTARI Charles, professeur à la Faculté de Droit.	1884		Démissionnaire 1885.	
DE CROZALS, professeur à la Faculté des Lettres.	1884	1885		
REYMOND (Marcel).	1884	1885		
PELLET, curé de Notre-Dame de Grenoble.	1884	1884	Décédé 1890.	
GIRAUD, ancien négociant.	1884	1885		
LEMAÎTRE (Jules), professeur à la Faculté des Lettres.	1884		A quitté Grenoble 1885.	
DIATZI, colonel du Génie en retraite.	1885		Démissionnaire 1886.	
MOREL, avocat.	1885			

ACADÉMIE DELPHINALE

LISTE PAR ORDRE D'INSCRIPTION DES MEMBRES TITULAIRES

1886-1906

N° d'inscription (1er janvier 1886)	N° d'inscription (1er janvier 1906)	NOMS des TITULAIRES	DATE de l'élection	DATE DU DISCOURS de réception	
1		TAILLIEU Jules, ancien chef d'institution.	1838.		Décédé 1888.
2		AUZIAS Théodose, avocat.	1839.		id. 1888.
3		MOUNAT (Louis), magistrat.	1840.		id. 1888.
4		Mgr DE LÉPINAY, professeur à la Faculté des Lettres.	1850.	Nominations antérieures au Règlement du 3 décembre 1863 prescrivant un discours de réception aux membres titulaires nouvellement élus.	id. 1891.
5		MACHET DE ROCHEBELLE, homme de lettres.	1851.		id. 1897.
6		PAGÈS (Auguste), substitut du procureur général.	1856.		Démissionnaire 1887.
7		PÉRIER Auguste, président de Chambre à la Cour.	1860.		Décédé 1886.
8		RAYER, conseiller à la Cour.	1862.		id. 1889.
9		CHABRAND Eugène, ancien capitaine du Génie.	1863.		id. 1890.
10		GARIEL (Hyacinthe), bibliothécaire adjoint de la ville.	1863.	1865.	id. 1890.
11		TROUILLER, professeur à la Faculté de Droit.	1866.	1867.	Décédé 1892.
12		DE BOISSIEU (Paulin), propriétaire.	1867.	1868.	id. 1900.
13		MOYNYON Gabriel, juge de paix.	1869.	1870.	id. 1906.
14	1	DE ROCHAS D'AIGLUN, lieutenant-colonel du Génie.	1870.	1872.	
15		DREUX, professeur à la Faculté des Lettres.	1872.	1872.	id. 1900.
16	2	Cte DE GALBERT Alphonse, propriétaire.	1872.	1873.	
17	3	CHABAUX Charles, professeur à la Faculté des Lettres.	1873.	1874.	
18	4	THIBAUD Paul, avocat.	1874.	1878.	
19		VILLARS (Maxime), conseiller à la Cour.	1874.	1875.	id. 1892.
20		GUYON abbé, curé de Saint-Joseph.	1875.	1876.	id. 1905.
21		GUIRIMAND (Casimir), conseiller à la Cour.	1876.	1876.	id. 1890.
22		LA BOISSONNIÈRE, docteur en médecine.	1876.	1877.	id. 1888.
23		CHABRAND, docteur en médecine.	1876.	1876.	id. 1898.
24		LORY, doyen de la Faculté des Sciences.	1876.	1881.	id. 1889.
25		PÉRIER Edmond, avoué à la Cour.	1876.	1877.	id. 1895.
26		DUTEY, agent voyer en chef.	1877.		Démissionnaire 1889.

N° d'inscription 1er janvier 1880	N° d'inscription 11 janvier 1907	NOMS des TITULAIRES	DATE de l'ÉLECTION	DATE DU DISCOURS de réception	
26		DE TAILLAS (Alexandre), propriétaire.	1878.	1878.	Démissionnaire 1887.
27	5	FERRAND (Henri), avocat.	1878.	1878.	
28		ACCARIAS (Joseph), conseiller à la Cour.	1878.	1879.	Décédé 1898.
29	6	NICOLET (Victor), industriel.	1879.	4 juillet 1894.	
30	7	DE BEYLIÉ (Jules), ancien magistrat.	1879.	5 mai 1893.	
31	8	MAIGNIEN (Edmond), bibliothécaire de la ville.	1879.	1880.	
32		CHARVET (Baptiste), docteur en médecine.	1880.	1881.	id. 1899.
33	9	PRUDHOMME (Auguste), archiviste départemental.	1880.	1882.	
34		PLAGET, conseiller à la Cour.	1880.	1881.	id. 1888.
35		DESPLAGNES, ancien magistrat.	1880.	1881.	Démissionnaire 1887.
36		PION, conseiller à la Cour d'appel.	1880.	1881.	Décédé 1893.
37		ROYER (Casimir), avocat.	1881.	1er avril 1892.	id. 1902.

N° d'inscription 1er janvier 1880	N° d'inscription 11 janvier 1907	NOMS des TITULAIRES	DATE de l'ÉLECTION	DATE DU DISCOURS de réception	
38	10	DUHAMEL (Henri), substitut du procureur général.	1882.		
39		CARLET, professeur à la Faculté des Sciences.	1882.	1882.	Décédé 1892.
	11	REY (Raymond), inspecteur d'Académie.	1882.	1882.	
40	12	FOURNIER (Paul), professeur à la Faculté de Droit.	1882.	1883.	
41		PIOLLET (Albert), substitut du procureur général.	1883.	21 décembre 1888.	A quitté Grenoble 1890.
42	13	DE CROZALS (Joseph), professeur à la Faculté des Lettres.	1884.	1885.	
43	14	REYMOND (Marcel), avocat.	1884.	1885.	
44		PELLET (abbé), curé de la Cathédrale.	1884.	1884.	Décédé 1891.
45	15	GIRAUD, propriétaire.	1884.	1885.	
46		DREVET (Alexis), colonel.	1885.		Démissionnaire 1886.
47	16	MORIN (Alcée), avocat.	1885.		
		MAISONVILLE (Fritz), publiciste.	15 janvier 1886.		Décédé 1904.
	17	VELLOT (Alfred), avocat.	id.	21 janvier 1887.	
	18	MASSE (Jules), avocat.	19 février 1886.	17 décembre 1886.	
		MERCERON-VICAT, ingénieur.	21 janvier 1887.	24 janvier 1890.	id. 1904.
		DARFON, capitaine du Génie.	1er avril 1887.	29 juillet 1887.	A quitté Grenoble 1888.

N° d'inscription 1er janvier 1886	N° d'inscrit au 11 janvier 1907	NOMS des TITULAIRES	DATE de L'ÉLECTION	DATE DU DISCOURS de réception	
		LEYER, capitaine du Génie.	1er avril 1887.		A quitté Grenoble 1888.
	19	MASIMBERT (Adolphe), avocat.	6 mai 1887.		
		ALLOTTE DE LA FUYE, chef de batail. au 4e rég. du Génie.	1er février 1889.	29 décembre 1890.	id. 1894.
	20	MOUTIOT (Paul), professeur à la Faculté des Lettres.	id.	27 décembre 1889.	
	21	MANTIN (abbé), chanoine de la Cathédrale.	id.	21 avril 1893.	
		SERWIENSKI (Casimir), professeur au Lycée.	id.	15 mars 1889.	id. 1890.
		GUÉTAL (abbé), artiste peintre.	15 février 1889.		Décédé 1892.
		JOUFFRAY, capitaine d'Artillerie.	1er mars 1889.		A quitté Grenoble 1890.
		POUS, conseiller à la Cour d'appel.	15 mars 1889.		Décédé 1895.
		SAINT-SEVER-PAGÈS, ancien magistrat.	29 mars 1889.		Démissionnaire 1898.
	22	BALLEYDIER (Louis), professeur à la Faculté de Droit.	12 avril 1889.		
	23	ANGLÈS-D'AURIAC, général de brigade.	id.	23 décembre 1896.	

N° d'inscription 1er janvier 1886	N° d'inscrit au 11 janvier 1907	NOMS des TITULAIRES	DATE de L'ÉLECTION	DATE DU DISCOURS de réception	
		MOURRAL (Eugène), ancien magistrat.	17 juin 1889.		[illegible]
	24	MICHOUD, professeur à la Faculté de Droit.	id.	13 décembre 1901.	
		BERRUYER, architecte.	id.	16 mai 1890.	id. 1901.
		JAY (Raoul), professeur à la Faculté de Droit.	id.		id. 1894.
	25	FÉVRIER, général de division.	5 juillet 1889	22 novembre 1889.	
	26	DUHARLE (Léon), ancien magistrat.	24 janvier 1890.	22 avril 1904.	
		BERTRAND, professeur à la Faculté des Lettres.	7 mars 1890.	20 novembre 1891.	id. 1904.
		SILVY (Gabriel), greffier du Tribunal de Commerce.	5 décembre 1890.	30 juillet 1900.	Décédé 1900.
		PANCKOUCKE, trésorier-payeur général.	10 avril 1891.		A quitté Grenoble 1893.
		PERNIN (abbé), curé de la Cathédrale.	20 novembre 1891.		Décédé 1900.
		BEAUDOUIN (Edouard), professeur à la Faculté des Lettres.	1er avril 1892.		id. 1899.
	27	BERTHOLET, docteur en médecine.	id.		
	28	CHARRAND (Armand), avocat.	id.		
		PILLET, professeur à la Faculté de Droit.	id.		A quitté Grenoble 1897.
	29	DE LESTELLEY (J.), avocat.	id.		
		FARGE, avocat.	11 novembre 1892.		Démissionnaire 1905.

N° d'inscription 1er janvier 1886	N° d'inscription 11 janvier 1902	NOMS des TITULAIRES	DATE de L'ÉLECTION	DATE du discours de réception	
	30	Harmois, professeur à l'École du Génie.	11 novembre 1892.	12 juillet 1895.	
		Perrent, capitaine aux Chasseurs alpins.	id.	26 mai 1897.	A quitté Grenoble 1894.
		Faugoz abbé, curé de Saint-André.	17 février 1892.		
		Lavallex (Joseph), avocat.	3 mars 1893.		Décédé 1906.
		Kilian (Wilfrid), professeur à la Faculté des Sciences.	id.		Démissionnaire 1895.
		B** Thomas, général de brigade.	26 mai 1893.	29 décembre 1893.	Décédé 1895.
		Charles, ancien médecin militaire.	16 février 1894.		id. 1897.
	31	Lefrançois (Eugène), avocat.	id.		
	32	Poure (Armand), avocat.	id.		
	33	Charvet (Joseph), avocat.	22 mai 1895.		
	34	Vellux (Gustave), avocat.	27 décembre 1895.		
		Faure-Biguet, général de division.	23 décembre 1896.	28 mai 1897.	A quitté Grenoble 1898.
	35	Vial (Paul), ancien officier de Marine.			
	36	C** de Murinel, ancien officier d'Infanterie.	12 mars 1897.	26 novembre 1897.	
	37	Chabert (Samuel), professeur à la Faculté des Lettres.	id.	30 décembre 1897.	
	38	Dellix, conseiller à la Cour.	30 décembre 1897.	6 mai 1898.	
		Bornet (Marcellin), conseiller à la Cour.	id.	16 décembre 1898.	Démissionnaire 1903.
	39	Viallet (Paul), industriel.	25 février 1898.		
	40	Dumesnil (Georges), professeur à la Faculté des Lettres.	20 janvier 1899.	11 novembre 1899.	
	41	de Vernisy (Albert), propriétaire.	id.	8 décembre 1899.	
	42	Silly (Edouard), greffier du Tribunal de Commerce.	16 juin 1899.	9 mars 1901.	
	43	Dumarest, docteur en médecine.	29 décembre 1899.	1er juin 1900.	
		Borel, recteur de l'Académie.	19 janvier 1901.		A quitté Grenoble 1903.
	44	Mgr Henry, évêque de Grenoble.	1er mars 1901.		
	45	Gentil (Adrien), capitaine d'Artillerie.	29 mars 1901.	14 juin 1901.	Démissionnaire 1902.
	46	Justin (Emile), capitaine d'État-Major.	10 mai 1901.	31 janvier 1902.	
	47	Gevrey, conseiller à la Cour.	21 novembre 1902.	4 décembre 1903.	
		Axix, ancien capitaine d'Artillerie.	24 janvier 1903.	15 mai 1903.	id. 1906.

N°ˢ d'inscription 1ᵉʳ janvier 1886	N°ˢ d'inscription 11 janvier 1907	NOMS des TITULAIRES	DATE de L'ÉLECTION	DATE DU DISCOURS de réception	
	48	Bᵒⁿ PICOLET D'HERMILLON, propriétaire.	23 janvier 1903.	24 novembre 1905.	
	49	GROSPELLIER (abbé), chanoine.	13 février 1903.	8 janvier 1904.	Démissionnaire 1907.
	50	DE LA BROSSE (René), ingéⁿ en chef des Ponts et Chaus.	20 novembre 1903.	5 décembre 1905.	
	51	VALLERNAUD, chef de bataillon au Génie.	25 mars 1904.	2 décembre 1904.	
	52	SILVY (Albert), artiste peintre.	2 décembre 1904.	16 décembre 1904.	
	53	DUSSERT (abbé), professeur à l'Externat Notre-Dame.	16 décembre 1904.		
	54	CUCHE (Paul), professeur à la Faculté de Droit.	10 janvier 1905.		
	55	BARTHÉLEMY, ancien conservateur des Forêts.	30 juin 1905.	7 décembre 1906.	
	56	MARTINAIS, conseiller à la Cour.	18 mai 1906.		
	57	SENÉQUIER-CROZET (Paul), abbé.	21 décembre 1906.		
	58	VIALLET (Félix), industriel.	11 janvier 1907.		

Les séances de l'Académie se tiennent rue Mably depuis le 29 novembre 1901.

TABLE DES MATIÈRES

PAGES

Avertissement... 5

Table alphabétique des Mémoires et Rapports (1886-1906).......... 7

Table alphabétique des Auteurs................................... 17

Nomenclature par volume des feuilles hors texte non paginées..... 46

Composition du Bureau de l'Académie (1836-1886)................. 50

Liste par ordre d'inscription des Membres titulaires (1836-1886)...... 52

Composition du Bureau de l'Académie (1886-1906)................ 68

Liste par ordre d'inscription des Membres titulaires (1886-1906)...... 70

Grenoble, imprimerie ALLIER FRÈRES, cours de Saint-André, 26.